반야심경·금강경

차례
Contents

『반야심경』과 『금강경』에 대하여   3

반야심경   6

『반야심경』 해설   10

금강경   16

주   91

일러두기

1. 『반야심경』은 『고려대장경(高麗大藏經)』 제5권에 있는 현장 번역의 『반야바라밀다심경』을 가리키고, 『금강경』은 역시 제5권에 있는 구마라집 번역의 『금강반야바라밀경』을 가리킨다.
2. 『금강경』의 단락은 양(梁) 무제(武帝, 재위 502~549)의 아들 소명태자(昭明太子, 501~531)의 32분에 따랐다. 그러나 각 단락의 제목은 삭제했다.
3. 본문중 ⑤는 산스크리트의 로마자역을 가리킨다.
4. 음사(音寫)는 산스크리트를 한자로 옮길 때 소리 나는 대로 적은 것이고, 번역은 그것을 뜻으로 적은 것이다.

『반야심경』과 『금강경』에 대하여

괴로움이란 마음이 불안정한 상태다. 이것은 '분별'과 '생각'에서 비롯된다.

인간은 어떤 대상에 조금이라도 관심을 가지면 즉각 자신의 감정이나 선입견으로 그것을 분별한다. 분별은 '좋다/싫다', '예쁘다/못나다', '깨끗하다/더럽다' 등과 같이 자신의 색안경으로 가른 이분화(二分化)이다. 이 대립하는 허구의 분별이 불안정의 근원이다. 왜냐하면 마음은 그 분별의 어느 한쪽에 애착하거나 혐오하기를 반복하여 혼란스럽기 때문이다.

독자적으로 분리되어 존재한다는 개체 의식을 '자아(自我)'라고 한다. '자아라는 생각'이 인간의 첫 번째 착각이고 집착이다.

모든 존재는 순간순간 생멸(生滅)을 거듭하고, 자신은 그 존재의 일부분이므로 독자적인 개체일 수가 없다. 그래서 개별적으로 존재하는 자아도 없고, 고유한 본질이나 불변하는 실체를 지닌 자아도 없다. 그래서 무아(無我)다. 이 무아의 체득이 온갖 고착된 생각과 집착에서 벗어난 해탈(解脫)이다. 불교는 불안정에서 시작해서 안정에 이르는 방법을 가르친다.

분별이 끊어지고 고착된 생각이 소멸된 지혜를 주제로 한 반야부(般若部) 경전들은 40여 종, 총 780권 정도의 방대한 분량이다. 이 경전들은 기원 전후에 성립되기 시작하여 4세기경에 지금의 체계를 갖추었는데, 그 경전들의 핵심을 간략하게 요약한 경이 『반야심경(般若心經)』이다.

『반야심경』에는 여러 가지 한역본(漢譯本)이 있으나 널리 독송되는 것은 당(唐) 현장(玄奘, 일명 삼장법사三藏法師, 602~664)이 번역한 『반야바라밀다심경(般若波羅蜜多心經)』이다. '반야바라밀다'는 ⑤prajñaā-pāramitā의 음사로 '지혜의 완성'이라는 뜻이고, 심(心)은 ⑤hṛdaya의 번역으로 심장, 핵심이라는 뜻이니 『반야바라밀다심경』은 곧 '지혜의 완성의 핵심을 설한 경'이다. '불(不)'과 '무(無)'자를 반복 사용하여, 온갖 분별이 끊어진 무분별의 지혜를 설한 '깨달음의 찬가'이다.

『금강경(金剛經)』은 반야부 경전들이 성립되는 초기에 반야부의 주제를 간략하게 정리한 것으로 짐작된다.

『금강경』의 본이름은 『금강반야바라밀경(金剛般若波羅蜜經)』이다. '금강'은 ⑤vajra의 번역으로, '금강석(다이아몬드), 벼락'이라는 뜻이다. 고착된 생각과 견해를 '금강석으로 자른다, 벼락처럼 부순다'는 의미다. '반야바라밀', 곧 '지혜의 완성'이란 '자아라는 생각'이 해체되어 어떤 생각에도 얽매이지 않고 집착하지 않는 상태다.

『금강경』에는 6가지 한역이 있다.

① 『금강반야바라밀경(金剛般若波羅蜜經)』. 1권, 요진(姚秦, 후진)의 구마라집(鳩摩羅什, 344~413) 번역

② 『금강반야바라밀경』. 1권, 북위(北魏)의 보리류지(菩提流支, ?~?) 번역

③ 『금강반야바라밀경』. 1권, 진(陳)의 진제(眞諦, 499~569) 번역

④ 『금강능단반야바라밀경(金剛能斷般若波羅蜜經)』. 1권, 수(隋)의 급다(笈多, ?~619) 번역

⑤ 당의 현장이 번역한 『대반야바라밀다경(大般若波羅蜜多經)』 600권 중 제577권 「능단금강분(能斷金剛分)」

⑥ 『능단금강반야바라밀다경(能斷金剛般若波羅蜜多經)』. 1권, 당의 의정(義淨, 635~713) 번역

이 가운데 ①의 구마라집 번역이 널리 읽힌다.

반야심경

觀自在菩薩 行深般若波羅蜜多時 照見五蘊皆
관자재보살 행심반야바라밀다시 조견오온개

空 度一切苦厄 舍利子 色不異空 空不異色 色
공 도일체고액 사리자 색불이공 공불이색 색

即是空 空即是色 受想行識 亦復如是 舍利子
즉시공 공즉시색 수상행식 역부여시 사리자

是諸法空相 不生不滅 不垢不淨 不增不減 是
시제법공상 불생불멸 불구부정 부증불감 시

故空中無色　無受想行識　無眼耳鼻舌身意　無
고공중무색　무수상행식　무안이비설신의　무

色聲香味觸法　無眼界　乃至無意識界　無無明
색성향미촉법　무안계　내지무의식계　무무명

亦無無明盡　乃至無老死　亦無老死盡　無苦集
역무무명진　내지무노사　역무노사진　무고집

滅道　無智亦無得
멸도　무지역무득

관자재보살이 깊은 반야바라밀다(般若波羅蜜多)를 행할 때,
오온(五蘊)[1]이 모두 공(空)함을 꿰뚫어 보고 모든 괴로움에서
벗어났다.

사리자야, 색(色)이 공(空)과 다르지 않고 공이 색과 다르
지 않고, 색이 곧 공이고 공이 곧 색이다. 수(受)·상(想)·행
(行)·식(識)도 그러하다.

사리자야, 이런 것들은 공의 상태이므로 생기지도 않고
소멸하지도 않고, 더럽지도 않고 깨끗하지도 않고, 늘지도
않고 줄지도 않는다.

그러므로 공에는 색도 없고 수·상·행·식도 없고, 안(眼)·
이(耳)·비(鼻)·설(舌)·신(身)·의(意)도 없고, 색(色)·성(聲)·향

(香)·미(味)·촉(觸)·법(法)도 없고, 안계(眼界)도 없고 내지 의
식계(意識界)도 없고, 무명(無明)도 없고 무명의 소멸도 없고,
내지 노사(老死)도 없고 노사의 소멸도 없고, 고(苦)·집(集)·
멸(滅)·도(道)도 없고, 지혜도 없고 성취도 없다.

以無所得故 菩提薩埵 依般若波羅蜜多故 心
이무소득고 보리살타 의반야바라밀다고 심

無罣礙 無罣礙故 無有恐怖 遠離顛倒夢想 究
무가애 무가애고 무유공포 원리전도몽상 구

竟涅槃 三世諸佛 依般若波羅蜜多故 得阿耨
경열반 삼세제불 의반야바라밀다고 득아누

多羅三藐三菩提 故知般若波羅蜜多 是大神咒
다라삼막삼보리 고지반야바라밀다 시대신주

是大明咒 是無上咒 是無等等咒 能除一切苦
시대명주 시무상주 시무등등주 능제일체고

真實不虛故 說般若波羅蜜多咒 即說咒曰
진실불허고 설반야바라밀다주 즉설주왈

揭帝揭帝 般羅揭帝 般羅僧揭帝 菩提 僧莎訶
아제아제 바라아제 바라승아제 보리 승사하

성취되는 게 없어서 보리살타(菩提薩埵)[2]는 반야바라밀다
에 의지하므로 마음에 걸림이 없고, 걸림이 없으므로 두려
움이 없고, 뒤바뀐 헛된 생각을 멀리 떠나 최상의 열반[3]에
이른다. 삼세(三世)[4]의 모든 부처도 반야바라밀다에 의지하
여 아누다라삼막삼보리[5]를 얻었다.

그러므로 알아야 한다. 반야바라밀다의 아주 신비한 진
언(眞言)[6], 아주 밝은 진언, 가장 뛰어난 진언, 비길 데 없는
진언은 모든 괴로움을 없애 주나니 진실하여 헛되지 않다.

그래서 반야바라밀다의 진언을 설한다. 그것은 다음과
같다.

갔네, 갔네, 피안(彼岸)[7]에 갔네. 피안에 완전히 갔네. 깨달
음이여, 아! 기쁘구나.

『반야심경』 해설

　이 경에서 가장 중요한 구절은 "조견오온개공(照見五蘊皆空)"이다. '오온'은 탐욕으로 분별하고 집착하는 다섯 가지 의식의 무더기이고, '공'은 이분(二分)의 분별이 끊어진 무분별의 상태다. 그래서 "오온이 모두 공함을 꿰뚫어 보고"는 오온의 작용이 소멸된 상태를 꿰뚫어 보아 무분별에 이르렀다는 뜻이다.

　자신이 본디부터 갖추고 있는 부처의 성품을 꿰뚫어 보고 깨달았다고 하듯이, 오온의 작용이 소멸된 무분별의 지혜를 깨달았다. 그래서 "모든 괴로움에서 벗어났다."

　이어서 나오는 "색이 공과 다르지 않고 공이 색과 다르지 않고, 색이 곧 공이고 공이 곧 색이다"와 "생기지도 않고 소멸하지도 않고, 더럽지도 않고 깨끗하지도 않고, 늘지도 않고 줄지도 않는다"는 무분별을 나타내는 말이다. 이어서 무분별을 뜻하는 구절이 계속 나온다.

분별이 끊어졌으므로 색·수·상·행·식의 오온도 없고, 안·이·비·설·신·의의 육처(六處)[8]도 없고, 색·성·향·미·촉·법의 육외처(六外處)[9]도 없고, 안계 내지 의식계의 십팔계(十八界)[10]도 없고, 무명 내지 노사의 십이연기(十二緣起)[11]도 없고, 고(苦)·집(集)·멸(滅)·도(道)의 사성제(四聖諦)도 없다.

제(諦)는 ⑤satya의 번역으로 '진리'라는 뜻이다. 괴로움을 소멸시켜 열반에 이르게 하는 네 가지 성스러운 진리, 또는 네 가지 성자의 진리이다.

① 고성제(苦聖諦): 괴로움이라는 성스러운 진리이다. 괴로움이란 불안정한 마음 상태이다. 이것은 삶의 진행이 자신의 뜻대로 되기를 바라고, 온갖 일이 자신의 마음에 들기를 바라는 황당한 욕망에서 일어난다. 늙지 않고 병들지 않고 죽지 않으려 해도 늙고 병들고 죽으니 괴로움이고, 늙고 병들고 죽는 원인이 태어남이니 생로병사가 다 괴로움이다.

인간의 삶은 생존에 유리한 것을 추구하고, 불리한 것을 회피하기 위해 생각하고 움직이는 데 지나지 않는다. 그러나 아무리 유리한 것을 추구해도 뜻대로 되지 않고, 불리한 것을 회피하려 해도 그것과 계속 부닥치니 불안정할 수밖에 없다. 그래서 괴로움이다. '몸-마음'에 집착하기 때문에 온갖 괴로움이 일어나는데도 그 집착에서 벗어나지 못하니 괴로움이다.

'몸-마음'은 자신의 의지대로 되지 않는다. 만약 의지대로 된다면 병들지 않아야 하고, 불안이나 걱정이 일어나지 않아야겠지만, 몸-마음은 결코 자신의 뜻대로 되지 않는다. 그래서 괴로움이다.

인간은 생존의 불안감에서 벗어나려고 무던히 애쓰지만 그것이 쉽게 해소되지 않는다. 그래서 괴로움이다.

이게 바로 불교의 시작인 고성제이다.

② 집성제(集聖諦): 괴로움의 발생이라는 성스러운 진리이다. 집(集)은 ⓢsamudaya의 번역으로 '모여서 일어난다'는 뜻이다. 그래서 '집기(集起)'라고도 한다.

괴로움이 일어나는 원인은 탐내기를 그칠 줄 모르는 애욕(愛欲)이다. 애욕이 없으면 생존을 유지할 수가 없지만, 문제는 삶에 불리하고 자신을 괴롭히는 애욕이다. 그것은 마음먹은 대로 되기를 바라는 애욕이고, 가지는 쾌감에 중독되어 있는 애욕이고, 맹목적으로 '기분 좋다'를 추구하는 애욕이고, 남에게 바라는 게 많은 애욕이다.

그러나 아무리 애욕의 불길이 강해도 삶의 행로는 자신의 의지와 관계없이 인연 따라 오고 인연 따라 간다. 바라지 않는데도 늙고 병들고 죽듯이, 자신에게 일어났거나 일어나거나 일어날 일은 모두 인연 따라 일어나는 것이지, 자신의 욕망대로 일어나는 게 아니다.

그래서 자신의 뜻대로 되기를 바라는 애욕은 환상이고 허망한 탐욕이다. 그 애욕대로 되지 않으니까 분노하고, 남을 증오하거나 원망한다.

끝없이 탐하는 애욕은 괴로움만 안겨 줄 뿐 삶에 아무런 도움이 되지 않는 헛된 감정이고, 자신이 자신을 괴롭히는 번뇌다.

③ 멸성제(滅聖諦): 괴로움의 소멸이라는 성스러운 진리이다. 애욕의 불길이 남김없이 꺼진 상태다. 괴로움이 소멸된 열반의 경지이고, '몸-마음'의 속박에서 벗어난 해탈이다. 모든 번뇌가 완전히 소멸된 지혜의 완성이다.

④ 도성제(道聖諦): 괴로움의 소멸에 이르는 길이라는 성스러운 진리이다.

괴로움의 소멸에 이르는 길은 팔정도(八正道)라는 진리이다. 팔정도는 다음과 같다.

① 정견(正見, 바르게 알기): 괴로움, 괴로움의 발생, 괴로움의 소멸, 괴로움의 소멸에 이르는 길, 곧 사성제에 대해 바르게 알기.

② 정사유(正思惟, 바르게 사유하기): 번뇌의 속박에서 벗어나

고, 악의가 없고, 남을 해치지 않으려는 사유.

③ 정어(正語, 바르게 말하기): 거짓말하지 않고, 이간질하지 않고, 거친 말을 하지 않고, 쓸데없는 말을 하지 않는 것.

④ 정업(正業, 바르게 행하기): 살생하지 않고, 도둑질하지 않고, 음란한 짓을 하지 않는 것.

⑤ 정명(正命, 바르게 생활하기): 정당한 방법으로 생계를 꾸려 나가는 생활.

⑥ 정정진(正精進, 바르게 노력하기): 이미 생긴 악은 없애려고 노력하고, 아직 생기지 않은 악은 미리 방지하고, 아직 생기지 않은 선은 생기도록 노력하고, 이미 생긴 선은 더욱 커지도록 노력하는 수행.

⑦ 정념(正念, 바르게 알아차리기): 자신의 몸-마음에서 매순간 일어나는 변화와 작용을 지속적으로 알아차려서 그것의 무상(無常)·고(苦)·무아(無我)를 거듭 통찰하고 체득하여 몸-마음의 속박에서 벗어나는 수행.

⑧ 정정(正定, 바르게 집중하기): 수행자가 마음의 평온에 이르게 되는 4단계의 선정(禪定)이다. 탐욕을 떨쳐 버림으로써 희열과 행복이 있는 초선(初禪), 집중된 삼매(三昧)에서 생기는 희열과 행복이 있는 제2선, 몸으로 행복을 느끼는 제3선, 괴롭지도 즐겁지도 않아 평온해진 제4선을 말한다.

『반야심경』은 초기 불교의 핵심 용어를 다 언급하여 그것들의 분별 작용을 소멸시킴으로써 붓다의 가르침을 간단명료하게 마무리했다. 즉, 분별에서 무분별의 지혜를 완성했다. 그래서 미혹의 이 언덕에서 깨달음의 저 언덕으로 갔다.

아제 아제 바라아제 바라승아제 보리 승사하.

揭帝 揭帝 般羅揭帝 般羅僧揭帝 菩提 僧莎訶.

gate gate pāragate pārasaṃgate bodhi svāhā

(갔네, 갔네, 피안에 갔네. 피안에 완전히 갔네. 깨달음이여, 아! 기쁘구나.)

금강경

1

如是我聞 一時 佛在舍衛國祇樹給孤獨園 與
여시아문 일시 불재사위국기수급고독원 여

大比丘衆千二百五十人俱 爾時 世尊 食時 著
대비구중천이백오십인구 이시 세존 식시 착

衣持鉢 入舍衛大城乞食 於其城中 次第乞已
의지발 입사위대성걸식 어기성중 차제걸이

還至本處 飯食訖 收衣鉢 洗足已 敷座而坐
환지본처 반식흘 수의발 세족이 부좌이좌

나는 이렇게 들었다.

어느 때 붓다께서 훌륭한 1,250명의 비구들과 함께 사위국 기수급고독원(祇樹給孤獨園)[12]에 계셨다.

그때 세존께서 식사 때가 되자 가사를 입고 발우를 들고서 사위대성에 들어가 걸식하셨다. 그 성에서 차례로 걸식하고[13] 나서 본래 머물던 곳으로 돌아오셨다. 식사를 마치고, 가사와 발우를 제자리에 놓고 발을 씻은 다음 자리를 펴고 앉으셨다.

2

時 長老須菩提 在大衆中 卽從座起 偏袒右肩
시 장로수보리 재대중중 즉종좌기 편단우견

右膝著地 合掌恭敬 而白佛言 希有世尊 如來
우슬착지 합장공경 이백불언 희유세존 여래

善護念諸菩薩 善付囑諸菩薩 世尊 善男子善
선호념제보살 선부촉제보살 세존 선남자선

女人 發阿耨多羅三藐三菩提心 應云何住 云
여인 발아누다라삼막삼보리심 응운하주 운

何降伏其心 佛言 善哉善哉 須菩提 如汝所說
하항복기심 불언 선재선재 수보리 여여소설

如來善護念諸菩薩 善付囑諸菩薩 汝今諦聽
여래선호념제보살 선부촉제보살 여금체청

當爲汝說 善男子善女人 發阿耨多羅三藐三菩
당위여설 선남자선여인 발아누다라삼막삼보

提心 應如是住 如是降伏其心 唯然世尊 願樂
리심 응여시주 여시항복기심 유연세존 원요

欲聞
욕문

그때 대중 가운데 있던 장로 수보리가 자리에서 일어나,
오른쪽 어깨를 드러낸 가사(袈裟) 차림[14]으로 오른쪽 무릎을
땅에 대고 합장하여 공경하는 자세로 붓다에게 여쭈었다.
"참으로 드문 일입니다. 세존이시여, 여래께서는 모든 보
살을 잘 보호하고 염려해 주시며, 모든 보살에게 잘 당부하

십니다.

세존이시여, 아누다라삼막삼보리(阿耨多羅三藐三菩提)를 구하려는 마음을 낸 선(善)남자 선여인은 어떻게 살아야 하고, 어떻게 그 마음을 다스려야 합니까?"

붓다께서 말씀하셨다.

"좋고 좋구나, 수보리야. 네가 말한 대로 여래는 모든 보살을 잘 보호하고 염려하며, 모든 보살에게 잘 당부한다. 너는 이제 잘 들어라. 너를 위해 말하겠다. 아누다라삼막삼보리를 구하려는 마음을 낸 선남자 선여인은 이렇게 살아야 하고, 이렇게 그 마음을 다스려야 한다."

"네, 세존이시여. 흔쾌히 듣겠습니다."

3

佛告須菩提　諸菩薩摩訶薩　應如是降伏其心
불고수보리　제보살마하살　응여시항복기심

所有一切衆生之類　若卵生　若胎生　若濕生　若
소유일체중생지류　약난생　약태생　약습생　약

化生　若有色　若無色　若有想　若無想　若非有想
화생　약유색　약무색　약유상　약무상　약비유상

非無想 我皆令入無餘涅槃 而滅度之 如是滅
비무상 아개령입무여열반 이멸도지 여시멸

度無量無數無邊衆生 實無衆生得滅度者 何以
도무량무수무변중생 실무중생득멸도자 하이

故 須菩提 若菩薩 有我相[15]人相衆生相壽者
고 수보리 약보살 유아상 인상중생상수자

相 卽非菩薩
상 즉비보살

붓다께서 수보리에게 말씀하셨다.

"모든 보살마하살(菩薩摩訶薩)[16]은 이렇게 마음을 다스려야 한다.

'모든 중생의 부류로서 알에서 깨어난 것이나 어미 뱃속에서 태어난 것이나, 습한 데서 생긴 것이나 스스로 생긴 것이나, 형상이 있는 것이나 형상이 없는 것이나, 생각이 있는 것이나 생각이 없는 것이나, 생각이 있는 것도 아니고 생각이 없는 것도 아닌 것들을 내가 다 모든 번뇌가 남김없이 소멸된 열반에 이르게 하겠다. 그러나 이렇게 한량없고 셀 수 없고 끝없는 중생을 완전한 열반[17]에 이르게 해도 실은 그 열반에 이른 중생은 없다.'

왜 그런가? 수보리야, 보살에게 자아라는 생각, 인간이라는 생각, 중생이라는 생각, 목숨이라는 생각이 있으면 보살이 아니기 때문이다.

4

復次須菩提 菩薩於法[18] 應無所住 行於布施
부차수보리 보살어법　응무소주 행어보시

所謂不住色布施 不住聲香味觸法布施 須菩提
소위부주색보시 부주성향미촉법보시 수보리

菩薩應如是布施 不住於相[19] 何以故 若菩薩不
보살응여시보시 부주어상　하이고 약보살부

住相布施 其福德 不可思量 須菩提 於意云何
주상보시 기복덕 불가사량 수보리 어의운하

東方虛空 可思量不 不也 世尊 須菩提 南西北
동방허공 가사량부 불야 세존 수보리 남서북

方 四維上下虛空 可思量不 不也 世尊 須菩提

방 사유상하허공 가사량부 불야 세존 수보리

菩薩無住相布施福德 亦復如是 不可思量 須
보살무주상보시복덕 역부여시 불가사량 수

菩提 菩薩但應如所敎住
보리 보살단응여소교주

그리고 수보리야, 보살은 대상에 얽매이지 않고 보시해
야 한다. 형상에 얽매이지 않고 보시해야 하고, 소리·냄새·
맛·감촉·의식 내용에 얽매이지 않고 보시해야 한다.[20]

수보리야, 보살은 생각에 얽매이지 않고 보시해야 한다.

왜 그래야 하는가? 보살이 생각에 얽매이지 않고 보시하
면, 그 복덕을 헤아릴 수 없기 때문이다.

수보리야, 어떻게 생각하느냐? 동쪽 허공을 헤아릴 수 있
느냐?”

“헤아릴 수 없습니다, 세존이시여.”

“수보리야, 남쪽·서쪽·북쪽 허공과 서북·서남·동북·동
남 허공과 상·하 허공을 헤아릴 수 있느냐?”

“헤아릴 수 없습니다, 세존이시여.”

“수보리야, 보살이 생각에 얽매이지 않고 보시하는 복덕
도 이와 같아서 헤아릴 수 없다.

수보리야, 보살은 반드시 가르친 대로 살아야 한다.

5

須菩提 於意云何 可以身相²¹ 見如來不 不也
수보리 어의운하 가이신상 견여래부 불야

世尊 不可以身相 得見如來 何以故 如來所說
세존 불가이신상 득견여래 하이고 여래소설

身相 卽非身相 佛告須菩提 凡所有相 皆是虛
신상 즉비신상 불고수보리 범소유상 개시허

妄 若見諸相非相 則見如來
망 약견제상비상 즉견여래

　수보리야, 어떻게 생각하느냐? 신체의 특징으로 여래를
볼 수 있느냐?"
　"아닙니다, 세존이시여. 신체의 특징으로 여래를 볼 수
없습니다. 왜냐하면 여래께서 말씀하신 신체의 특징은 신
체의 특징이 아니기 때문입니다."
　붓다께서 수보리에게 말씀하셨다.
　"특징이 있는 것은 다 허망하다. 모든 특징을 특징 아닌
것으로 본다면 여래를 볼 것이다."²²

6

須菩提白佛言 世尊 頗有眾生 得聞如是言說
수보리백불언 세존 파유중생 득문여시언설

章句 生實信不 佛告須菩提 莫作是說 如來滅
장구 생실신부 불고수보리 막작시설 여래멸

後 後五百歲 有持戒修福者 於此章句 能生信
후 후오백세 유지계수복자 어차장구 능생신

心 以此爲實 當知是人 不於一佛二佛三四五
심 이차위실 당지시인 불어일불이불삼사오

佛 而種善根 已於無量千萬佛所 種諸善根 聞
불 이종선근 이어무량천만불소 종제선근 문

是章句 乃至一念 生淨信者
시장구 내지일념 생정신자

수보리가 붓다에게 여쭈었다.
"세존이시여, 이런 말씀을 듣고서 참되다는 믿음을 낼 중
생이 혹 있겠습니까?"

붓다께서 수보리에게 말씀하셨다.

"그런 말 하지 마라. 여래가 입멸(入滅)한 후 500년 뒤에
도 계율을 지키고 복을 짓는 자가 있어, 이 말에 신심을 내
고 이것을 참되다고 할 것이다. 이 사람은 한 부처나 두 부
처, 셋·넷·다섯 부처 곁에서만 선근(善根)²³을 심은 게 아니
라 이미 한량없이 많은 부처의 처소에서 온갖 선근을 심었
기 때문에 이 말을 듣고 한마음으로 청정한 믿음을 내리라
는 것을 알아야 한다.

須菩提 如來悉知悉見 是諸衆生 得如是無量
수보리 여래실지실견 시제중생 득여시무량

福德 何以故 是諸衆生 無復我相人相衆生相
복덕 하이고 시제중생 무부아상인상중생상

壽者相 無法相²⁴ 亦無非法相 何以故 是諸衆
수자상 무법상 역무비법상 하이고 시제중

生 若心取相 則爲著我人衆生壽者 若取法相
생 약심취상 즉위착아인중생수자 약취법상

卽著我人衆生壽者 何以故 若取非法相 卽著

즉착아인중생수자 하이고 약취비법상 즉착

我人衆生壽者 是故不應取法 不應取非法 以
아인중생수자 시고불응취법 불응취비법 이

是義故 如來常說 汝等比丘 知我說法 如筏喩
시의고 여래상설 여등비구 지아설법 여벌유

者 法尙應捨 何況非法
자 법상응사 하황비법

수보리야, 여래는 이 중생들이 한량없는 복덕을 받을 줄
다 알고 다 본다.

왜 그런가? 이 중생들에게는 자아라는 생각, 인간이라는
생각, 중생이라는 생각, 목숨이라는 생각이 없고, 진리라는
생각도 없고 진리가 아니라는 생각도 없기 때문이다. 왜냐
하면 중생들이 마음에 생각을 갖게 되면, 자아와 인간과 중
생과 목숨에 집착하는 것이 되기 때문이다.

왜 그런가? 진리라는 생각을 갖더라도 자아와 인간과 중
생과 목숨에 집착하는 것이 되고, 진리가 아니라는 생각을
갖더라도 자아와 인간과 중생과 목숨에 집착하는 것이 되
기 때문이다. 그러므로 진리에 집착해서도 안 되고, 진리가
아닌 것에 집착해서도 안 된다.

이런 뜻에서 여래가 항상 '너희들 비구는 내 설법이 뗏목 같은 줄 아는 자들이니, 진리도 버려야 하거늘 하물며 진리 아닌 것이랴' 하였다.

7

須菩提 於意云何 如來得阿耨多羅三藐三菩提
수보리 어의운하 여래득아누다라삼막삼보리

耶 如來有所說法耶 須菩提言 如我解佛所說
야 여래유소설법야 수보리언 여아해불소설

義 無有定法名阿耨多羅三藐三菩提 亦無有定
의 무유정법명아누다라삼막삼보리 역무유정

法如來可說 何以故 如來所說法 皆不可取不
법여래가설 하이고 여래소설법 개불가취불

可說 非法 非非法 所以者何 一切賢聖 皆以無
가설 비법 비비법 소이자하 일체현성 개이무

爲法 而有差別
위법 이유차별

위법 이유차별

수보리야, 어떻게 생각하느냐? 여래가 아누다라삼막삼보
리를 얻었느냐? 여래가 설한 진리가 있느냐?"

수보리가 말했다.

"제가 붓다께서 설하신 뜻을 이해하기로는 아누다라삼
막삼보리라고 할 일정한 진리가 없고, 또 여래께서 설하신
일정한 진리도 없습니다. 왜냐하면 여래께서 설하신 것은
모두 인식할 수도 없고, 설명할 수도 없고, 진리도 아니고,
진리가 아닌 것도 아니기 때문입니다. 왜냐하면 모든 성자
들은 다 무위(無爲)의 상태에서 차별을 두기 때문입니다."

마지막 문장은 성자들은 온갖 분별과 차별이 끊어진 무
위(無爲)의 경지에 이른 후에 가르침을 펴기 위해 어쩔 수
없이 언어를 빌려서 차별을 일으킨다는 뜻이다. 달리 말
하면 성자들의 차별은 중생이 번뇌와 망상으로 일으키는
차별이 아니라는 뜻이다.

아누다라삼막삼보리는 언어 이전의 직접 체험 그 자체
여서 언어로 표현할 수도 없고 설명할 수도 없다. 언어의
본질이 이분법이기 때문에 언어로써는 온갖 분별과 대립
을 떠난 아누다라삼막삼보리를 묘사할 수 없다. 언어는
어떤 상태에 대한 생각이지 그 상태 자체가 아니다.

『금강경』에서 반복되는 "~은 ~이 아니다(~卽非~)", "~이

없기 때문이다. 그래서 ~라 한다(無~, 是名~)", "~은 ~이 아니다. 그래서 ~라 한다(~卽非~, 是名~)" 등의 구문은 모두 "모든 성자들은 다 무위의 상태에서 차별을 둔다(一切賢聖皆以無爲法而有差別)"를 바탕으로 해서 전개된다.

위 구문들의 형식은 조금 달라도 내용은 "여래가 말한 X는 X가 아니다. 그래서 X라고 한다"이다. 첫 번째 X와 세 번째 X는 무위의 경지에서 가르침을 펴기 위해 여래가 일으킨 차별이고, 두 번째 X는 중생이 번뇌와 망상으로 일으킨 차별이다. 예를 들어, 성자가 "집착하지 말라"고 하면 그야말로 집착이 끊어진 상태에서 한 말이지만, 중생이 "집착하지 말라"고 하면 그것은 집착하는 상태에서 한 말이다. 똑같은 말이지만 화자(話者)의 상태는 전혀 다르다.

위 문장의 내용은, 중생의 차별은 허구이므로 거기에 집착하지 않아야 하고, 여래가 일으킨 차별도 뗏목에 불과하므로 거기에 집착하지 말라는 뜻이다. 언어를 사용하지 않으면 그 어떤 가르침도 설할 수 없으므로 말을 하자니 '복덕'이고, '불법'이고, '아라한'이고, '장엄'이고, '반야바라밀'이니, 거기에 얽매이지 말고 집착하지 말라는 뜻이다. 요컨대 생각과 차별이 곧 얽매임이고 집착이라는 말이다.

"일체현성개이무위법이유차별"에 해당하는 산스크리트를 옮기면, "참으로 성자들은 무위로 나타나기 때문입니

다"이다. 곧 성자들은 온갖 생각과 차별과 집착을 떠났
으므로 무위로 나타난다는 말이다.

8

須菩提　於意云何　若人滿三千大千世界七寶
수보리　어의운하　약인만삼천대천세계칠보

以用布施　是人所得福德　寧爲多不　須菩提言
이용보시　시인소득복덕　영위다부　수보리언

甚多　世尊　何以故　是福德卽非福德性　是故如
심다　세존　하이고　시복덕즉비복덕성　시고여

來說福德多　若復有人　於此經中　受持乃至四
래설복덕다　약부유인　어차경중　수지내지사

句偈等　爲他人說　其福勝彼　何以故　須菩提　一
구게등　위타인설　기복승피　하이고　수보리　일

切諸佛　及諸佛阿耨多羅三藐三菩提法　皆從此
체제불　급제불아누다라삼막삼보리법　개종차

經出 須菩提 所謂佛法者 卽非佛法
경출 수보리 소위불법자 즉비불법

"수보리야, 어떻게 생각하느냐? 어떤 사람이 삼천대천세계[25]에 칠보(七寶)[26]를 가득 채워 보시한다면, 그가 받을 복덕이 많겠느냐?"

수보리가 말했다.

"매우 많습니다, 세존이시여. 왜냐하면 그 복덕은 복덕성(福德性)이 아니기 때문입니다. 그래서 여래께서 복덕이 많다고 합니다."

"그런데 다른 어떤 사람이 이 경에서 사구게(四句偈)[27]만이라도 마음에 새겨 두고 남에게 설해 준다면, 그 복이 (칠보를 보시한) 저 복보다 낫다.

왜 그런가? 수보리야, 모든 부처와, 모든 부처의 아누다라삼막삼보리법이 다 이 경에서 나왔기 때문이다.

그러나 수보리야, 불법(佛法)이라는 것도 불법이 아니다.

9

須菩提 於意云何 須陀洹 能作是念 我得須陀
수보리 어의운하 수다원 능작시념 아득수다

洹果不 須菩提言 不也 世尊 何以故 須陀洹
원과부 수보리언 불야 세존 하이고 수다원

名爲入流 而無所入 不入色聲香味觸法 是名
명위입류 이무소입 불입색성향미촉법 시명

須陀洹 須菩提 於意云何 斯陀含 能作是念 我
수다원 수보리 어의운하 사다함 능작시념 아

得斯陀含果不 須菩提言 不也 世尊 何以故 斯
득사다함과부 수보리언 불야 세존 하이고 사

陀含 名一往來 而實無往來 是名斯陀含 須菩
다함 명일왕래 이실무왕래 시명사다함 수보

提 於意云何 阿那含 能作是念 我得阿那含果
리 어의운하 아나함 능작시념 아득아나함과

不 須菩提言 不也 世尊 何以故 阿那含 名爲
부 수보리언 불야 세존 하이고 아나함 명위

不來 而實無不²⁸來 是故名阿那含
불래 이실무불 래 시고명아나함

수보리야, 어떻게 생각하느냐? 수다원(須陀洹)[29]이 '나는 수다원의 경지에 이르렀다'고 생각하겠느냐?"

수보리가 말했다.

"아닙니다, 세존이시여. 왜냐하면 수다원을 '입류(入流)'라고 하지만 들어간 곳이 없으니, 형상·소리·냄새·맛·감촉·의식 내용에 들어가지 않았기 때문입니다. 그래서 수다원이라 합니다."

"수보리야, 어떻게 생각하느냐? 사다함(斯陀含)[30]이 '나는 사다함의 경지에 이르렀다'고 생각하겠느냐?"

수보리가 말했다.

"아닙니다, 세존이시여. 왜냐하면 사다함을 '일왕래(一往來)'라고 하지만 실은 가고 오는 일이 없기 때문입니다. 그래서 사다함이라 합니다."

"수보리야, 어떻게 생각하느냐? 아나함(阿那含)[31]이 '나는 아나함의 경지에 이르렀다'고 생각하겠느냐?"

수보리가 말했다.

"아닙니다, 세존이시여. 왜냐하면 아나함을 불래(不來)라고 하지만 실은 오지 않는 일이 없기 때문입니다. 그래서 아나함이라 합니다."

須菩提 於意云何 阿羅漢 能作是念 我得阿羅
수보리 어의운하 아라한 능작시념 아득아라

漢道不 須菩提言 不也 世尊 何以故 實無有法
한도부 수보리언 불야 세존 하이고 실무유법

名阿羅漢 世尊 若阿羅漢作是念 我得阿羅漢
명아라한 세존 약아라한작시념 아득아라한

道 即爲著我人衆生壽者 世尊 佛說我得無諍
도 즉위착아인중생수자 세존 불설아득무쟁

三昧人中 最爲第一 是第一離欲阿羅漢 我不
삼매인중 최위제일 시제일이욕아라한 아부

作是念 我是離欲阿羅漢 世尊 我若作是念 我
작시념 아시이욕아라한 세존 아약작시념 아

得阿羅漢道 世尊 則不說須菩提 是樂阿蘭
득아라한도 세존 즉불설수보리 시요아란

那³²行者 以須菩提 實無所行 而名須菩提 是
나 행자 이수보리 실무소행 이명수보리 시

樂阿蘭那行
요아란나행

"수보리야, 어떻게 생각하느냐? 아라한(阿羅漢)[33]이 '나는 아라한의 경지에 이르렀다'고 생각하겠느냐?"

수보리가 말했다.

"아닙니다, 세존이시여. 왜냐하면 실은 아라한이라 할 것이 없기 때문입니다.

세존이시여, 만약 아라한이 '나는 아라한의 경지에 이르렀다'고 생각한다면, 이는 자아와 인간과 중생과 목숨에 집착하는 것입니다.

세존이시여, 붓다께서는 저를 번뇌 없는 삼매(三昧)를 얻은 사람 가운데 으뜸이라 하셨는데, 이는 탐욕을 제일 잘 떠난 아라한이라는 뜻입니다. 그러나 저는 제가 탐욕을 떠난 아라한이라고 생각하지 않습니다.

세존이시여, 제가 만약 '나는 아라한의 경지에 이르렀다'고 생각한다면 세존께서 '수보리는 번뇌 없는 행을 좋아한다'고 하지 않았을 것입니다만, 제가 실은 행한 게 없으므로 '수보리는 번뇌 없는 행을 좋아한다'고 하셨습니다."

10

佛告須菩提 於意云何 如來昔在然燈佛所 於
불고수보리 어의운하 여래석재연등불소 어

法有所得不 世尊 如來在然燈佛所 於法實無
법유소득부 세존 여래재연등불소 어법실무

所得 須菩提 於意云何 菩薩莊嚴佛土不 不也
소득 수보리 어의운하 보살장엄불토부 불야

世尊 何以故 莊嚴佛土者 則非莊嚴 是名莊嚴
세존 하이고 장엄불토자 즉비장엄 시명장엄

是故須菩提 諸菩薩摩訶薩 應如是生淸淨心
시고수보리 제보살마하살 응여시생청정심

不應住色生心 不應住聲香味觸法生心 應無所
불응주색생심 불응주성향미촉법생심 응무소

住而生其心 須菩提 譬如有人 身如須彌山王
주이생기심 수보리 비여유인 신여수미산왕

於意云何 是身爲大不 須菩提言 甚大 世尊 何
어의운하 시신위대부 수보리언 심대 세존 하

以故 佛說非身 是名大身
이고 불설비신 시명대신

붓다께서 수보리에게 말씀하셨다.

"어떻게 생각하느냐? 여래가 옛적에 연등불(然燈佛)[34] 처소에서 얻은 것이 있느냐?"

"세존이시여, 여래께서 연등불 처소에서 얻은 것이 실로 없습니다."

"수보리야, 어떻게 생각하느냐? 보살이 불국토를 장엄하느냐?"

"아닙니다, 세존이시여. 왜냐하면 불국토를 장엄한다는 것은 장엄이 아니기 때문입니다. 그래서 장엄이라 합니다."

"그러므로 수보리야, 모든 보살마하살은 이렇게 청정한 마음을 내야 한다. 형상에 얽매이지 않고 마음을 내야 하고, 소리·냄새·맛·감촉·의식 내용에 얽매이지 않고 마음을 내야 한다. 어디에도 얽매이지 않고 그 마음을 내야 한다.

수보리야, 어떤 사람의 몸이 마치 수미산왕[35]만 하다면, 어떻게 생각하느냐? 그 몸이 크다고 하겠느냐?"

수보리가 말했다.

"매우 큽니다, 세존이시여. 왜냐하면 붓다께서 말씀하신 (몸은) 몸이 아니기 때문입니다. 그래서 큰 몸이라 합니다."

11

須菩提 如恒河中所有沙數 如是沙等恒河 於

수보리 여항하중소유사수 여시사등항하 어

意云何 是諸恒河沙 寧爲多不 須菩提言 甚多
의운하 시제항하사 영위다부 수보리언 심다

世尊 但諸恒河 尚多無數 何況其沙 須菩提 我
세존 단제항하 상다무수 하황기사 수보리 아

今實言告汝 若有善男子善女人 以七寶滿爾所
금실언고여 약유선남자선여인 이칠보만이소

恒河沙數 三千大千世界 以用布施 得福多不
항하사수 삼천대천세계 이용보시 득복다부

須菩提言 甚多 世尊 佛告須菩提 若善男子善
수보리언 심다 세존 불고수보리 약선남자선

女人 於此經中 乃至受持四句偈等 爲他人說
여인 어차경중 내지수지사구게등 위타인설

而此福德 勝前福德
이차복덕 승전복덕

"수보리야, 갠지스강에 있는 모래알만큼 많은 갠지스강이 있다면 어떻게 생각하느냐? 이 모든 갠지스강의 모래알이 많다고 하겠느냐?"

수보리가 말했다.

"매우 많습니다, 세존이시여. 모든 갠지스강만 해도 무수히 많은데, 하물며 거기 있는 모래알이겠습니까?"

"수보리야, 내가 지금 사실대로 너에게 말하겠다. 어떤 선남자 선여인이 그 갠지스강의 모래알만큼 많은 삼천대천세계에 칠보를 가득 채워 보시한다면, 그들이 받을 복이 많겠느냐?"

수보리가 말했다.

"매우 많습니다, 세존이시여."

붓다께서 수보리에게 말씀하셨다.

"그런데 선남자 선여인이 이 경에서 사구게만이라도 마음에 새겨 두고 다른 사람에게 설해 준다면, 이 복덕이 앞의 복덕보다 낫다.

12

復次須菩提 隨說是經 乃至四句偈等 當知此
부차수보리 수설시경 내지사구게등 당지차

處 一切世間天人阿修羅 皆應供養 如佛塔廟
처 일체세간천인아수라 개응공양 여불탑묘

何況有人 盡能受持讀誦 須菩提 當知是人 成
하황유인 진능수지독송 수보리 당지시인 성

就最上第一希有之法 若是經典所在之處 則爲
취최상제일희유지법 약시경전소재지처 즉위

有佛 若尊重弟子
유불 약존중제자

　그리고 수보리야, 이 경의 사구게만이라도 설하는 어느 곳이든, 모든 세계의 신[36]과 인간과 아수라[37]가 다 부처의 탑묘(塔廟)[38]에 하듯이 이곳에 공양하리라는 것을 알아야 한다. 하물며 이 경을 죄다 마음에 새기고 독송하는 사람은 어떠하겠느냐.
　수보리야, 이 사람은 가장 높고 제일 귀한 공덕을 성취하리라는 것을 알아야 한다. 이 경전이 있는 곳은 바로 부처나 존중할 만한 제자가 있는 곳과 같다."

爾時 須菩提白佛言 世尊 當何名此經 我等云
이시 수보리백불언 세존 당하명차경 아등운

何奉持 佛告須菩提 是經名爲金剛般若波羅蜜
하봉지 불고수보리 시경명위금강반야바라밀

以是名字 汝當奉持 所以者何 須菩提 佛說般
이시명자 여당봉지 소이자하 수보리 불설반

若波羅蜜 則非般若波羅蜜 須菩提 於意云何
야바라밀 즉비반야바라밀 수보리 어의운하

如來有所說法不 須菩提白佛言 世尊 如來無
여래유소설법부 수보리백불언 세존 여래무

所說 須菩提 於意云何 三千大千世界所有微
소설 수보리 어의운하 삼천대천세계소유미

塵 是爲多不 須菩提言 甚多 世尊 須菩提 諸
진 시위다부 수보리언 심다 세존 수보리 제

微塵　如來說非微塵　是名微塵　如來說世界非
미진　여래설비미진　시명미진　여래설세계비

世界　是名世界
세계　시명세계

그때 수보리가 붓다에게 여쭈었다.

"세존이시여, 이 경의 이름을 무엇이라 해야 하고, 저희
들이 어떻게 받들어 지녀야 합니까?"

붓다께서 수보리에게 말씀하셨다.

"이 경의 이름은 금강반야바라밀(金剛般若波羅蜜)이니, 너희
들은 이 이름으로 받들어 지녀야 한다.

왜 그리해야 하는가? 수보리야, 붓다가 설한 반야바라밀
은 반야바라밀이 아니기 때문이다.

수보리야, 어떻게 생각하느냐? 여래가 설한 것이 있느
냐?"

수보리가 붓다에게 말했다.

"세존이시여, 여래께서 설하신 것이 없습니다."

"수보리야, 어떻게 생각하느냐? 삼천대천세계에 있는 티
끌이 많다고 하겠느냐?"

수보리가 말했다.

"매우 많습니다, 세존이시여."

"수보리야, 모든 티끌은 티끌이 아니라고 여래가 설했기

때문에 티끌이라 하고, 여래가 설한 세계도 세계가 아니기
때문에 세계라 한다.

須菩提 於意云何 可以三十二相 見如來不 不
수보리 어의운하 가이삼십이상 견여래부 불

也 世尊 不可以三十二相 得見如來 何以故 如
야 세존 불가이삼십이상 득견여래 하이고 여

來說三十二相 卽是非相 是名三十二相 須菩
래설삼십이상 즉시비상 시명삼십이상 수보

提 若有善男子善女人 以恒河沙等身命布施
리 약유선남자선여인 이항하사등신명보시

若復有人 於此經中 乃至受持四句偈等 爲他
약부유인 어차경중 내지수지사구게등 위타

人說 其福甚多
인설 기복심다

수보리야, 어떻게 생각하느냐? 32상(相)³⁹으로 여래를 볼

수 있느냐?"

"아닙니다, 세존이시여. 32상으로 여래를 볼 수 없습니다. 왜냐하면 여래께서 말씀하신 32상은 32상이 아니기 때문입니다. 그래서 32상이라 합니다."

"수보리야, 어떤 선남자 선여인이 갠지스강의 모래알만큼 많은 신명(身命)을 바쳐 보시하더라도, 다른 어떤 사람이 이 경에서 사구게만이라도 마음에 새겨 두고 남에게 설해 준다면 그 복이 (저 복보다) 훨씬 많다."

14

爾時 須菩提 聞說是經 深解義趣 涕淚悲泣 而
이시 수보리 문설시경 심해의취 체루비읍 이

白佛言 希有 世尊 佛說如是甚深經典 我從昔
백불언 희유 세존 불설여시심심경전 아종석

來所得慧眼 未曾得聞如是之經 世尊 若復有
래소득혜안 미증득문여시지경 세존 약부유

人 得聞是經 信心淸淨 則生實相[40] 當知是人
인 득문시경 신심청정 즉생실상   당지시인

成就第一希有功德 世尊 是實相者 則是非相
성취제일희유공덕 세존 시실상자 즉시비상

是故如來說名實相
시고여래설명실상

　그때 수보리가 이 경을 듣고 그 뜻을 깊이 이해하고는 눈물을 흘리면서 붓다에게 말했다.
　"놀라운 일입니다, 세존이시여. 붓다께서는 이렇게 깊고 깊은 경전을 설하셨습니다. 제가 예전에 지혜의 눈이 생긴 이래[41] 이런 경은 이제껏 들어본 적이 없습니다.
　세존이시여, 어떤 사람이 이 경을 듣고 신심이 청정해지면 진실하다는 생각이 생길 것이니, 이 사람은 제일 귀한 공덕을 성취할 것임을 알겠습니다.
　그러나 세존이시여, 이 진실하다는 생각은 생각이 아닙니다. 그래서 여래께서 진실하다는 생각이라 합니다.

世尊 我今得聞如是經典 信解受持 不足爲難
세존 아금득문여시경전 신해수지 부족위난

若當來世 後五百歲 其有衆生 得聞是經 信解
약당내세 후오백세 기유중생 득문시경 신해

受持 是人則爲第一希有 何以故 此人無我相
수지 시인즉위제일희유 하이고 차인무아상

人相衆生相壽者相 所以者何 我相卽是非相
인상중생상수자상 소이자하 아상즉시비상

人相衆生相壽者相 卽是非相 何以故 離一切
인상중생상수자상 즉시비상 하이고 이일체

諸相 則名諸佛 佛告須菩提 如是如是 若復有
제상 즉명제불 불고수보리 여시여시 약부유

人 得聞是經 不驚不怖不畏 當知是人 甚爲希
인 득문시경 불경불포불외 당지시인 심위희

有 何以故 須菩提 如來說第一波羅蜜 非第一
유 하이고 수보리 여래설제일바라밀 비제일

波羅蜜 是名第一波羅蜜
바라밀 시명제일바라밀

　세존이시여, 제가 지금 이런 경전을 듣고서 믿고 이해
하고 마음에 새기는 것은 그다지 어렵지 않습니다. 그러나

500년 뒤에도 어떤 중생이 이 경을 듣고서 믿고 이해하고 마음에 새긴다면, 이 사람은 제일 귀할 것입니다. 왜냐하면 이 사람에게는 자아라는 생각이 없고, 인간이라는 생각이 없고, 중생이라는 생각이 없고, 목숨이라는 생각이 없기 때문입니다. 왜냐하면 자아라는 생각은 생각이 아니고, 인간이라는 생각과 중생이라는 생각과 목숨이라는 생각도 생각이 아니기 때문입니다. 왜냐하면 모든 생각을 떠난 자를 부처라고 하기 때문입니다."

붓다께서 수보리에게 말씀하셨다.

"그렇다, 그렇다. 또 어떤 사람이 이 경을 듣고서 놀라거나 겁내거나 두려워하지 않는다면, 이 사람도 아주 귀한 줄 알아야 한다.

왜 그런가? 수보리야, 여래가 설한 최상의 바라밀은 최상의 바라밀이 아니기 때문이다. 그래서 최상의 바라밀이라 한다.

須菩提 忍辱波羅蜜 如來說非忍辱波羅蜜 何
수보리 인욕바라밀 여래설비인욕바라밀 하

以故 須菩提 如我昔爲歌利王割截身體 我於
이고 수보리 여아석위가리왕할절신체 아어

爾時 無我相 無人相 無衆生相 無壽者相 何以
이시 무아상 무인상 무중생상 무수자상 하이

故 我於往昔 節節支解時 若有我相人相衆生
고 아어왕석 절절지해시 약유아상인상중생

相壽者相 應生瞋恨 須菩提 又念過去於五百
상수자상 응생진한 수보리 우념과거어오백

世 作忍辱仙人 於爾所世 無我相 無人相 無衆
세 작인욕선인 어이소세 무아상 무인상 무중

生相 無壽者相
생상 무수자상

수보리야, 인욕바라밀은 인욕바라밀이 아니라고 여래가
설했다.

왜 그런가? 수보리야, 내가 옛날 가리왕(歌利王)[42]에게 몸
이 갈기갈기 찢길 그때에 나에게 자아라는 생각이 없었고,
인간이라는 생각이 없었고, 중생이라는 생각이 없었고, 목
숨이라는 생각이 없었기 때문이다.

왜 그런가? 내가 옛날 사지가 마디마디 흩어질 때 나에
게 자아라는 생각과 인간이라는 생각과 중생이라는 생각과

목숨이라는 생각이 있었다면, 성내고 원망했을 것이기 때문이다.

수보리야, 또 500생애 동안 인욕을 설하는 성자로 있었던 과거를 돌이켜 보니, 그때에도 자아라는 생각이 없었고, 인간이라는 생각이 없었고, 중생이라는 생각이 없었고, 목숨이라는 생각이 없었다.

是故須菩提 菩薩應離一切相[43] 發阿耨多羅三
시고수보리 보살응리일체상　발아누다라삼

藐三菩提心 不應住色生心 不應住聲香味觸法
막삼보리심 불응주색생심 불응주성향미촉법

生心 應生無所住心 若心有住 則爲非住 是故
생심 응생무소주심 약심유주 즉위비주 시고

佛說菩薩 心不應住色布施 須菩提 菩薩爲利
불설보살 심불응주색보시 수보리 보살위이

益一切衆生 應如是布施 如來說一切諸相 卽
익일체중생 응여시보시 여래설일체제상 즉

是非相 又說一切衆生 則非衆生 須菩提 如來
시비상 우설일체중생 즉비중생 수보리 여래

是眞語者 實語者 如語者 不誑語者 不異語者
시진어자 실어자 여어자 불광어자 불이어자

須菩提 如來所得法 此法無實無虛
수보리 여래소득법 차법무실무허

그러므로 수보리야, 보살은 모든 생각을 떠나서 아누다
라삼막삼보리를 구하려는 마음을 내야 한다. 형상에 얽매
이지 않고 마음을 내야 하고, 소리·냄새·맛·감촉·의식 내
용에 얽매이지 않고 마음을 내야 한다. 어디에도 얽매이지
않고 마음을 내야 한다. 마음에 얽매임이 있어도 그것은 얽
매임이 아닌 것으로 된다.[44] 그래서 붓다는, 보살은 마음을
형상에 얽매지 않고 보시해야 한다고 설했다.

수보리야, 보살은 모든 중생을 이롭게 하기 위해 이렇게
보시해야 한다. 여래가 말한 모든 생각은 생각이 아니고, 모
든 중생도 중생이 아니다.

수보리야, 여래는 참말을 하는 자이고, 사실대로 말하는
자이고, 있는 그대로 말하는 자이고, 거짓말하지 않는 자이
고, 딴말 하지 않는 자이다.

그러나 수보리야, 여래가 얻은 경지에는 참도 없고 거짓

도 없다.

須菩提 若菩薩心住於法[45] 而行布施 如人入
수보리 약보살심주어법　이행보시 여인입

闇 則無所見 若菩薩心不住法 而行布施 如人
암 즉무소견 약보살심부주법 이행보시 여인

有目 日光明照 見種種色 須菩提 當來之世 若
유목 일광명조 견종종색 수보리 당래지세 약

有善男子善女人 能於此經 受持讀誦 則爲如
유선남자선여인 능어차경 수지독송 즉위여

來 以佛智慧 悉知是人 悉見是人 皆得成就無
래 이불지혜 실지시인 실견시인 개득성취무

量無邊功德
량무변공덕

　수보리야, 보살이 마음을 대상에 얽매이고 보시하면 어
두운 곳에 들어간 사람이 아무것도 보지 못하는 것과 같

고, 보살이 마음을 대상에 얽매이지 않고 보시하면 눈이
온전한 사람이 밝은 햇빛에 갖가지 형상과 빛깔을 보는 것
과 같다.

　수보리야, 미래에 선남자 선여인이 이 경을 마음에 새기
고 독송한다면, 여래가 부처의 지혜로 이들을 다 알고 다
보나니, 모두 한량없고 끝없는 공덕을 성취할 것이다.

15

須菩提　若有善男子善女人　初日分　以恒河沙
수보리　약유선남자선여인　초일분　이항하사

等身布施　中日分　復以恒河沙等身布施　後日
등신보시　중일분　부이항하사등신보시　후일

分　亦以恒河沙等身布施　如是無量百千萬億劫
분　역이항하사등신보시　여시무량백천만억겁

以身布施　若復有人　聞此經典　信心不逆　其福
이신보시　약부유인　문차경전　신심불역　기복

勝彼　何況書寫受持讀誦　爲人解說　須菩提　以
승피　하황서사수지독송　위인해설　수보리　이

승피 하황서사수지독송 위인해설 수보리 이

要言之 是經有不可思議不可稱量無邊功德 如
요언지 시경유불가사의불가칭량무변공덕 여

來爲發大乘[46]者說 爲發最上乘者說
래위발대승 자설 위발최상승자설

수보리야, 선남자 선여인이 아침에 갠지스강의 모래알만
큼 많은 몸을 보시하고, 낮에 또 갠지스강의 모래알만큼 많
은 몸을 보시하고, 저녁에도 갠지스강의 모래알만큼 많은
몸을 보시하여, 이런 식으로 한량없는 백천만억 겁 동안 몸
을 보시하더라도, 어떤 사람이 이 경전을 듣고 신심을 내고
거스르지 않는다면, 이 복이 저 복보다 낫다. 하물며 이 경
을 베껴 쓰고 마음에 새겨서 독송하고 남에게 해설해 준다
면 어떠하겠느냐.

수보리야, 요컨대 이 경에는 생각할 수도 없고 헤아릴 수
도 없는 끝없는 공덕이 있나니, 여래는 가장 앞선 가르침을
구하려는 자를 위해 설했고, 가장 뛰어난 가르침을 구하려
는 자를 위해 설했다.

若有人能受持讀誦 廣爲人說 如來悉知是人

약유인능수지독송 광위인설 여래실지시인

悉見是人 皆得成就不可量不可稱無有邊不可
실견시인 개득성취불가량불가칭무유변불가

思議功德 如是人等 則爲荷擔如來阿耨多羅三
사의공덕 여시인등 즉위하담여래아누다라삼

藐三菩提 何以故 須菩提 若樂小法者 著我見
막삼보리 하이고 수보리 약요소법자 착아견

人見衆生見壽者見 則於此經 不能聽受讀誦
인견중생견수자견 즉어차경 불능청수독송

爲人解說 須菩提 在在處處 若有此經 一切世
위인해설 수보리 재재처처 약유차경 일체세

間天人阿修羅 所應供養 當知此處 則爲是塔
간천인아수라 소응공양 당지차처 즉위시탑

皆應恭敬 作禮圍繞 以諸華香 而散其處
개응공경 작례위요 이제화향 이산기처

어떤 사람이 이 경을 마음에 새겨서 독송하고 남에게 널리 설해 준다면, 여래가 이들을 다 알고 다 보나니 모두 헤아릴 수 없고, 가늠할 수 없고, 끝없고, 생각할 수 없는 공덕을 성취할 것이며, 이런 사람은 여래의 아누다라삼막삼보리를 이룰 것이다.

왜 그런가? 수보리야, 열등한 가르침을 좋아하는 사람은 자아라는 견해, 인간이라는 견해, 중생이라는 견해, 목숨이라는 견해에 집착하여, 이 경을 듣고 마음에 새기고 읽고 외워 남에게 해설해 주지 못하기 때문이다.

수보리야, 어느 곳이든 이 경이 있으면 모든 세계의 신과 인간과 아수라가 공양할 것이다. 이곳이 탑이 되어 모두 공경하는 마음으로 예배하고 주위를 돌면서 갖가지 꽃과 향을 그곳에 뿌릴 것임을 알아야 한다.

16

復次須菩提 善男子善女人 受持讀誦此經 若
부차수보리 선남자선여인 수지독송차경 약

爲人輕賤 是人先世罪業 應墮惡道 以今世人
위인경천 시인선세죄업 응타악도 이금세인

輕賤故 先世罪業 則爲消滅 當得阿耨多羅三
경천고 선세죄업 즉위소멸 당득아누다라삼

藐三菩提 須菩提 我念過去無量阿僧祇劫 於
막삼보리 수보리 아념과거무량아승기겁 어

然燈佛前 得值八百四千萬億那由他諸佛 悉皆
연등불전 득치팔백사천만억나유타제불 실개

供養承事 無空過者 若復有人 於後末世 能受
공양승사 무공과자 약부유인 어후말세 능수

持讀誦此經 所得功德 於⁴⁷我所供養諸佛功德
지독송차경 소득공덕 어 아소공양제불공덕

百分不及一 千萬億分 乃至算數譬喩 所不能及
백분불급일 천만억분 내지산수비유 소불능급

그런데 수보리야, 선남자 선여인이 이 경을 마음에 새기
고 독송하는데도 남에게 경멸과 천대를 받는다면, 이 사람
은 전생에 지은 죄업으로 악도(惡道)⁴⁸에 떨어져야겠지만, 금
생에 남에게 경멸과 천대를 받음으로써 전생의 죄업이 즉
시 소멸되어 아누다라삼막삼보리를 얻을 것이다.

수보리야, 내가 한량없는 아승기겁(阿僧祇劫)[49]의 과거를 돌이켜 보니, 연등불을 뵙기 전에도 8백4천만억 나유타(那由他)[50]의 수많은 부처를 만났는데, 그냥 지나친 적 없이 모두에게 공양하고 받들어 섬겼다.

그런데 훗날 말세[51]에 어떤 사람이 이 경을 마음에 새기고 독송한다면, 내가 그 많은 부처에게 공양한 공덕은 그가 얻을 공덕에 백분의 일에도 미치지 못하고 천만억분의 일에도 미치지 못하며, 어떤 계산이나 비유로도 미칠 수 없다.

須菩提 若善男子善女人 於後末世 有受持
수보리 약선남자선여인 어후말세 유수지

讀誦此經 所得功德 我若具說者 或有人聞 心
독송차경 소득공덕 아약구설자 혹유인문 심

則狂亂 狐疑不信 須菩提 當知是經 義不可思
즉광란 호의불신 수보리 당지시경 의불가사

議 果報亦不可思議
의 과보역불가사의

수보리야, 훗날 말세에 선남자 선여인이 이 경을 마음에 새기고 독송해서 얻을 공덕을 내가 다 일일이 말하면, 어떤 사람은 그것을 듣고서 마음이 몹시 혼란스러워 여우 같은 의심을 해서 믿지 않을 수도 있을 것이다.

수보리야, 이 경은 뜻도 생각으로 미칠 수 없고, (마음에 새기고 독송한) 과보(果報)도 생각으로 미칠 수 없다는 것을 알아야 한다."

17

爾時 須菩提白佛言 世尊 善男子善女人 發阿
이시 수보리백불언 세존 선남자선여인 발아

耨多羅三藐三菩提心 云何應住 云何降伏其心
누다라삼막삼보리심 운하응주 운하항복기심

佛告須菩提 善男子善女人 發阿耨多羅三藐三
불고수보리 선남자선여인 발아누다라삼막삼

菩提者 當生如是心 我應滅度一切衆生 滅度
보리자 당생여시심 아응멸도일체중생 멸도

一切衆生已 而無有一衆生 實滅度者 何以故

일체중생이 이무유일중생 실멸도자 하이고

須菩提 若菩薩 有我相人相衆生相壽者相 則
수보리 약보살 유아상인상중생상수자상 즉

非菩薩 所以者何 須菩提 實無有法 發阿耨多
비보살 소이자하 수보리 실무유법 발아누다

羅三藐三菩提者
라삼막삼보리자

그때 수보리가 붓다에게 여쭈었다.

"세존이시여, 아누다라삼막삼보리를 구하려는 마음을 낸 선남자 선여인은 어떻게 살아야 하고, 어떻게 그 마음을 다스려야 합니까?"

붓다께서 수보리에게 말씀하셨다.

"아누다라삼막삼보리를 구하려는 선남자 선여인은 이런 마음을 내야 한다.

'나는 모든 중생을 완전한 열반에 이르게 하겠다. 그러나 모든 중생을 완전한 열반에 이르게 했어도 실은 그 열반에 이른 중생은 하나도 없다.'

왜 그런가? 수보리야, 보살에게 자아라는 생각, 인간이라는 생각, 중생이라는 생각, 목숨이라는 생각이 있으면 보살이 아니기 때문이다.

왜냐하면 수보리야, 아누다라삼막삼보리를 구하려는 마음을 낸다는 것이 실은 없기 때문이다.

아누다라삼막삼보리는 언어 이전, 곧 온갖 차별과 분별이 끊어진 무위이므로 생각이나 인식의 영역(이분법의 영역)이 아니다. 구하려거나 얻으려는 생각이 곧 분별이므로 분별로써 구하려 하고 얻으려 하면 잡히는 건 결국 분별의 내용일 뿐이어서, 분별의 축적으로는 결코 무분별의 아누다라삼막삼보리에 이를 수 없다. 벼락이 내리쳐 분별과 대립이 박살나야만 아누다라삼막삼보리가 될 수 있을 것이다.

그러나 분별과 대립이 녹아 버린, 이분법이 소멸해 버린 상태에서는 아누다라삼막삼보리조차 있을 수 없다. 그래서 관념에 대한 집착을 부정하고 또 부정하여 아누다라삼막삼보리까지도 부정한다. 왜냐하면 쇠사슬에 묶이나 금사슬에 묶이나 묶이긴 마찬가지이기 때문이다.

그런데 아누다라삼막삼보리라고 언어로 표현하면 그것도 또한 관념의 화석이 되어 버리니, 그렇다고 해서 말하지 않을 수도 없는 일. 처음부터 침묵했다면 어찌 불법(佛法)의 싹이 돋아났겠는가?

허나 말로써도 다하지 못하고 침묵으로도 다하지 못하므로 석가세존은 말과 침묵을 떠나 꽃을 들어 대중에게 보였다.

須菩提 於意云何 如來於然燈佛所 有法得阿
수보리 어의운하 여래어연등불소 유법득아

耨多羅三藐三菩提不 不也 世尊 如我解佛所
누다라삼막삼보리부 불야 세존 여아해불소

說義 佛於然燈佛所 無有法得阿耨多羅三藐三
설의 불어연등불소 무유법득아누다라삼막삼

菩提 佛言 如是如是 須菩提 實無有法 如來得
보리 불언 여시여시 수보리 실무유법 여래득

阿耨多羅三藐三菩提 須菩提 若有法如來得阿
아누다라삼막삼보리 수보리 약유법여래득아

耨多羅三藐三菩提者 然燈佛 則不與我受記
누다라삼막삼보리자 연등불 즉불여아수기

汝於來世 當得作佛 號釋迦牟尼 以實無有法
여어내세 당득작불 호석가모니 이실무유법

得阿耨多羅三藐三菩提 是故然燈佛 與我受記
득아누다라삼막삼보리 시고연등불 여아수기

作是言 汝於來世 當得作佛 號釋迦牟尼 何以
작시언 여어내세 당득작불 호석가모니 하이

故 如來者 卽諸法如義[52]
고 여래자 즉제법여의

수보리야, 어떻게 생각하느냐? 여래가 연등불 처소에서
아누다라삼막삼보리를 얻었느냐?"

"아닙니다, 세존이시여. 제가 붓다께서 설하신 뜻을 이해
하기로는 붓다께서 연등불 처소에서 아누다라삼막삼보리
를 얻은 적이 없습니다."

붓다께서 말씀하셨다.

"그렇다, 그렇다. 수보리야, 여래가 아누다라삼막삼보리
를 얻은 적이 참으로 없다.

수보리야, 만약 여래가 아누다라삼막삼보리를 얻었다면,
연등불이 나에게 '너는 내세에 부처가 되어 석가모니라고
불릴 것이다'라고 수기(受記)[53]하시지 않았을 것이지만, 실은
아누다라삼막삼보리를 얻은 적이 없기 때문에 연등불이 나
에게 수기하시면서 '너는 내세에 부처가 되어 석가모니라
고 불릴 것이다'라고 하셨다.

왜 그런가? 여래란 있는 그대로의 진실한 상태를 뜻하기
때문이다.

若有人言 如來得阿耨多羅三藐三菩提 須菩提
약유인언 여래득아누다라삼막삼보리 수보리

實無有法 佛得阿耨多羅三藐三菩提 須菩提
실무유법 불득아누다라삼막삼보리 수보리

如來所得阿耨多羅三藐三菩提 於是中無實無
여래소득아누다라삼막삼보리 어시중무실무

虛 是故如來說 一切法皆是佛法 須菩提 所言
허 시고여래설 일체법개시불법 수보리 소언

一切法者 卽非一切法 是故名一切法 須菩提
일체법자 즉비일체법 시고명일체법 수보리

譬如人身長大 須菩提言 世尊 如來說人身長
비여인신장대 수보리언 세존 여래설인신장

大 則爲非大身 是名大身 須菩提 菩薩亦如是
대 즉위비대신 시명대신 수보리 보살역여시

若作是言 我當滅度無量衆生 則不名菩薩 何
약작시언 아당멸도무량중생 즉불명보살 하

以故 須菩提 實無有法 名爲菩薩 是故佛說一
이고 수보리 실무유법 명위보살 시고불설일

切法 無我無人無衆生無壽者
체법 무아무인무중생무수자

　어떤 사람이 여래가 아누다라삼막삼보리를 얻었다고 말
하더라도 수보리야, 붓다가 아누다라삼막삼보리를 얻은 적
이 참으로 없다.
　수보리야, 여래의 아누다라삼막삼보리에는 참도 없고 거
짓도 없다. 그러므로 여래는 모든 현상이 다 불법(佛法)이라
설한다.
　수보리야, 모든 현상이란 모든 현상이 아니다. 그래서 모
든 현상이라 한다.
　수보리야, 비유하면 몸이 큰 사람과 같다.”
　수보리가 말했다.
　“세존이시여, 여래께서 말씀하신 몸이 큰 사람이란 큰 몸
이 아닙니다. 그래서 큰 몸이라 합니다.”
　“수보리야, 보살도 그러하여 ‘내가 한량없는 중생을 완전
한 열반에 이르게 하겠다’고 한다면 보살이라 할 수 없다.
　왜 그런가? 수보리야, 보살이라 할 것이 실은 없기 때문
이다. 그래서 붓다는 모든 현상에는 자아도 없고, 인간도 없
고, 중생도 없고, 목숨도 없다고 설했다.

須菩提 若菩薩作是言 我當莊嚴佛土 是不名
수보리 약보살작시언 아당장엄불토 시불명

菩薩 何以故 如來說莊嚴佛土者 卽非莊嚴 是
보살 하이고 여래설장엄불토자 즉비장엄 시

名莊嚴 須菩提 若菩薩通達無我法者 如來說
명장엄 수보리 약보살통달무아법자 여래설

名眞是菩薩
명진시보살

수보리야, 보살이 '내가 불국토를 장엄하겠다'고 한다면
보살이라 할 수 없다.

왜 그런가? 여래가 말한 불국토를 장엄한다는 것은 장엄
이 아니기 때문이다. 그래서 장엄이라 한다.

수보리야, 보살이 무아법(無我法)[54]을 통달한다면 여래는
그를 참된 보살이라 한다.

18

須菩提 於意云何 如來有肉眼不 如是 世尊 如

수보리 어의운하 여래유육안부 여시 세존 여

來有肉眼 須菩提 於意云何 如來有天眼不 如
래유육안 수보리 어의운하 여래유천안부 여

是 世尊 如來有天眼 須菩提 於意云何 如來有
시 세존 여래유천안 수보리 어의운하 여래유

慧眼不 如是 世尊 如來有慧眼 須菩提 於意云
혜안부 여시 세존 여래유혜안 수보리 어의운

何 如來有法眼不 如是 世尊 如來有法眼 須菩
하 여래유법안부 여시 세존 여래유법안 수보

提 於意云何 如來有佛眼不 如是 世尊 如來有
리 어의운하 여래유불안부 여시 세존 여래유

佛眼
불안

수보리야, 어떻게 생각하느냐? 여래에게 육안(肉眼)이 있
느냐?”

“그렇습니다, 세존이시여. 여래에게 육안이 있습니다.”

"수보리야, 어떻게 생각하느냐? 여래에게 천안(天眼)이 있느냐?"

"그렇습니다, 세존이시여. 여래에게 천안이 있습니다."

"수보리야, 어떻게 생각하느냐? 여래에게 혜안(慧眼)이 있느냐?"

"그렇습니다, 세존이시여. 여래에게 혜안이 있습니다."

"수보리야, 어떻게 생각하느냐? 여래에게 법안(法眼)이 있느냐?"

"그렇습니다, 세존이시여. 여래에게 법안이 있습니다."

"수보리야, 어떻게 생각하느냐? 여래에게 불안(佛眼)이 있느냐?"

"그렇습니다, 세존이시여. 여래에게 불안이 있습니다."

須菩提 於意云何 恒河中所有沙 佛說是沙不
수보리 어의운하 항하중소유사 불설시사부

如是 世尊 如來說是沙 須菩提 於意云何 如一
여시 세존 여래설시사 수보리 어의운하 여일

恒河中所有沙 有如是等恒河 是諸恒河所有沙
항하중소유사 유여시등항하 시제항하소유사

數佛世界 如是寧爲多不 甚多 世尊 佛告須菩

수불세계 여시영위다부 심다 세존 불고수보

提 爾所國土中所有衆生 若干種心 如來悉知

리 이소국토중소유중생 약간종심 여래실지

何以故 如來說諸心 皆爲非心 是名爲心 所以

하이고 여래설제심 개위비심 시명위심 소이

者何 須菩提 過去心不可得 現在心不可得 未

자하 수보리 과거심불가득 현재심불가득 미

來心不可得

래심불가득

"수보리야, 어떻게 생각하느냐? 갠지스강의 모래를 붓다
가 말한 적이 있느냐?"

"그렇습니다, 세존이시여. 여래께서 그 모래를 말씀하셨
습니다."

"수보리야, 어떻게 생각하느냐? 한 갠지스강에 있는 모
래알만큼 많은 갠지스강이 있고, 이 모든 갠지스강의 모래
알만큼 부처의 세계가 있다면, 그것을 많다고 하겠느냐?"

"매우 많습니다, 세존이시여."

붓다께서 수보리에게 말씀하셨다.

"그 국토에 있는 중생들의 수많은 갖가지 마음을 여래는 다 안다. 왜냐하면 여래가 말한 갖가지 마음은 모두 마음이 아니기 때문이다. 그래서 마음이라 한다.

왜 그런가? 수보리야, 과거의 마음도 알 수 없고, 현재의 마음도 알 수 없고, 미래의 마음도 알 수 없기 때문이다.

19

須菩提 於意云何 若有人滿三千大千世界七寶
수보리 어의운하 약유인만삼천대천세계칠보

以用布施 是人以是因緣 得福多不 如是 世尊
이용보시 시인이시인연 득복다부 여시 세존

此人以是因緣 得福甚多 須菩提 若福德有實
차인이시인연 득복심다 수보리 약복덕유실

如來不說得福德多 以福德無故 如來說得福德
여래불설득복덕다 이복덕무고 여래설득복덕

多

다

수보리야, 어떻게 생각하느냐? 어떤 사람이 삼천대천세
계에 칠보를 가득 채워 보시한다면, 이 사람은 이 인연으로
받을 복이 많겠느냐?"

"그렇습니다, 세존이시여. 이 사람은 이 인연으로 아주
많은 복을 받을 것입니다."

"수보리야, 복덕이라는 게 실제로 있다면, 받을 복덕이
많다고 여래가 말하지 않았을 것이다. 그러나 복덕이라는
게 없기 때문에 받을 복덕이 많다고 여래가 말했다.

20

須菩提 於意云何 佛可以具足色身見不 不也
수보리 어의운하 불가이구족색신견부 불야

世尊 如來不應以具足色身見 何以故 如來說
세존 여래불응이구족색신견 하이고 여래설

具足色身 卽非具足色身 是名具足色身 須菩
구족색신 즉비구족색신 시명구족색신 수보

提 於意云何 如來可以具足諸相[55]見不 不也
리 어의운하 여래가이구족제상 견부 불야

世尊 如來不應以具足諸相見 何以故 如來說
세존 여래불응이구족제상견 하이고 여래설

諸相具足 卽非具足 是名諸相具足
제상구족 즉비구족 시명제상구족

　수보리야, 어떻게 생각하느냐? 잘 갖추어진 신체로 부처
를 볼 수 있느냐?"
　"아닙니다, 세존이시여. 잘 갖추어진 신체로 여래를 볼
수 없습니다. 왜냐하면 여래께서 말씀하신 잘 갖추어진 신
체는 잘 갖추어진 신체가 아니기 때문입니다. 그래서 잘 갖
추어진 신체라고 합니다."
　"수보리야, 어떻게 생각하느냐? 잘 갖추어진 갖가지 특
징으로 여래를 볼 수 있느냐?"
　"아닙니다, 세존이시여. 잘 갖추어진 갖가지 특징으로 여
래를 볼 수 없습니다. 왜냐하면 여래께서 말씀하신 갖가지
특징을 잘 갖추었다는 것은 잘 갖춘 것이 아니기 때문입니
다. 그래서 갖가지 특징을 잘 갖추었다고 합니다."

21

須菩提 汝勿謂如來作是念 我當有所說法 莫
수보리 여물위여래작시념 아당유소설법 막

作是念 何以故 若人言如來有所說法 卽爲謗
작시념 하이고 약인언여래유소설법 즉위방

佛 不能解我所說故 須菩提 說法者 無法可說
불 불능해아소설고 수보리 설법자 무법가설

是名說法 爾時 慧命須菩提白佛言 世尊 頗有
시명설법 이시 혜명수보리백불언 세존 파유

衆生 於未來世 聞說是法 生信心不 佛言 須菩
중생 어미래세 문설시법 생신심부 불언 수보

提 彼非衆生 非不衆生 何以故 須菩提 衆生衆
리 피비중생 비불중생 하이고 수보리 중생중

生者 如來說非衆生 是名衆生
생자 여래설비중생 시명중생

"수보리야, 너는 여래가 '내가 설한 게 있다'는 생각을 한다고 하지 마라. 그런 생각 하지 마라.

왜냐하면 어떤 사람이 '여래가 설한 게 있다'고 한다면 그는 부처를 비방하는 것이니, 내 말을 이해하지 못했기 때문이다.

수보리야, 설법이란 설할 게 없다는 것이다. 그래서 설법이라 한다."

그때 혜명(慧命) 수보리가 붓다에게 여쭈었다.

"세존이시여, 미래에 이 가르침을 듣고 신심을 낼 중생이 혹 있겠습니까?"

붓다께서 말씀하셨다.

"수보리야, 그들은 중생이 아니고 중생이 아닌 것도 아니다.

왜 그런가? 수보리야, 중생·중생이라는 것(중생자)은 중생이 아니라고 여래가 설했기 때문이다. 그래서 중생이라 한다."

넷째 줄 '이시(爾時)'부터 여기 '시명중생(是名衆生)'까지의 62자는 명(明)의 홍련(洪蓮)이 엮은 『금강경주해(金剛經註解)』 제4권에 의하면, 구마라집의 역본에는 원래 없었는데 영유법사(靈幽法師)가 구마라집이 누락한 것으로 보고, 당 장경(長慶) 2년(822)에 보리류지의 역본에서 그대로 뽑아 넣은 것으로 되어 있다. 물론 보리류지의 역본과 완전히 일치하고, 산스크리트 원전에도 이 내용이 있다.

'이시' 바로 다음 '혜명(慧命)'은 ⓢāyuṣmat의 번역으로, 수

행자에 대한 존칭이다. 흔히 '존자(尊者)'라고 번역하는데,
『금강경』의 번역에서 구마라집은 '장로(長老)'라고 번역
하거나 생략했고, 보리류지는 '혜명', 현장은 '구수(具壽)'
라고 번역했다. 『금강경』의 산스크리트 원전에는 반복의
문체가 많은데, 보리류지와 현장은 직역했으나 구마라집
은 의역하거나 압축했다. 따라서 '혜명'과 '중생중생자(衆
生衆生者)'는 구마라집의 『금강경』 번역 문체가 아니다.

22

須菩提白佛言 世尊 佛得阿耨多羅三藐三菩提
수보리백불언 세존 불득아누다라삼막삼보리

爲無所得耶 如是如是 須菩提 我於阿耨多羅
위무소득야 여시여시 수보리 아어아누다라

三藐三菩提 乃至無有少法可得 是名阿耨多羅
삼막삼보리 내지무유소법가득 시명아누다라

三藐三菩提
삼막삼보리

수보리가 붓다에게 여쭈었다.

"세존이시여, 붓다께서 아누다라삼막삼보리를 얻으셨다는 것은 얻으신 게 없다는 말씀입니까?"

"그렇다, 그렇다. 수보리야, 내가 아누다라삼막삼보리에서 조그만큼도 얻은 게 없기 때문에 아누다라삼막삼보리라고 한다.

23

復次須菩提 是法平等 無有高下 是名阿耨多
부차수보리 시법평등 무유고하 시명아누다

羅三藐三菩提 以無我無人無衆生無壽者 修一
라삼막삼보리 이무아무인무중생무수자 수일

切善法 則得阿耨多羅三藐三菩提 須菩提 所
체선법 즉득아누다라삼막삼보리 수보리 소

言善法者 如來說非善法 是名善法
언선법자 여래설비선법 시명선법

그리고 수보리야, 이 법은 평등하여 높음과 낮음이 없으

므로 아누다라삼막삼보리라고 한다. 자아도 없고 인간도
없고 중생도 없고 목숨도 없이, 온갖 선법(善法)을 닦으면 아
누다라삼막삼보리를 얻는다.

수보리야, 선법이란 선법이 아니라고 여래가 설했다. 그
래서 선법이라 한다.

24

須菩提 若三千大千世界中 所有諸須彌山王
수보리 약삼천대천세계중 소유제수미산왕

如是等七寶聚 有人持用布施 若人以此般若波
여시등칠보취 유인지용보시 약인이차반야바

羅蜜經 乃至四句偈等 受持讀誦 爲他人說 於
라밀경 내지사구게등 수지독송 위타인설 어

前福德 百分不及一 百千萬億分 乃至算數譬
전복덕 백분불급일 백천만억분 내지산수비

喩 所不能及
유 소불능급

수보리야, 어떤 사람이 삼천대천세계에 있는 수미산왕만큼의 칠보 무더기를 보시하더라도, 다른 어떤 사람이 이 반야바라밀경에서 사구게만이라도 마음에 새겨서 독송하고 남에게 설해 준다면, 앞의 복덕은 (이 복덕의) 백분의 일에도 미치지 못하고 백천만억분의 일에도 미치지 못하며, 어떤 계산이나 비유로도 미치지 못한다.

25

須菩提 於意云何 汝等勿謂如來作是念 我當
수보리 어의운하 여등물위여래작시념 아당

度衆生 須菩提 莫作是念 何以故 實無有衆生
도중생 수보리 막작시념 하이고 실무유중생

如來度者 若有衆生如來度者 如來則有我人衆
여래도자 약유중생여래도자 여래즉유아인중

生壽者 須菩提 如來說有我者 則非有我 而凡
생수자 수보리 여래설유아자 즉비유아 이범

夫之人 以爲有我 須菩提 凡夫者 如來說則非
부지인 이위유아 수보리 범부자 여래설즉비

부지인 이위유아 수보리 범부자 여래설즉비

凡夫
범부

수보리야, 어떻게 생각하느냐? 너희들은 여래가 '내가 중생을 제도했다'는 생각을 한다고 여기지 마라.

수보리야, 이런 생각 하지 마라. 왜냐하면 여래가 제도한 중생이 실은 없기 때문이다. 만약 여래가 제도한 중생이 있다고 한다면, 여래에게 자아와 인간과 중생과 목숨이 있게 된다.

수보리야, 자아가 있다는 여래의 말은 자아가 있다는 뜻이 아닌데, 범부들은 그것을 자아가 있다고 여긴다.

수보리야, 범부라는 것도 범부가 아니라고 여래가 설했다.

26

須菩提 於意云何 可以三十二相 觀如來不 須
수보리 어의운하 가이삼십이상 관여래부 수

菩提言 如是如是 以三十二相 觀如來 佛言須
보리언 여시여시 이삼십이상 관여래 불언수

菩提 若以三十二相 觀如來者 轉輪聖王 則是
보리 약이삼십이상 관여래자 전륜성왕 즉시

如來 須菩提白佛言 世尊 如我解佛所說義 不
여래 수보리백불언 세존 여아해불소설의 불

應以三十二相觀如來 爾時 世尊而說偈言
응이삼십이상관여래 이시 세존이설게언

若以色見我 以音聲求我 是人行邪道 不能見
약이색견아 이음성구아 시인행사도 불능견

如來
여래

수보리야, 어떻게 생각하느냐? 32상(相)으로 여래를 볼
수 있느냐?"

수보리가 말했다.

"그렇습니다, 그렇습니다. 32상으로 여래를 볼 수 있습니
다."

붓다께서 말씀하셨다.

"수보리야, 32상으로 여래를 볼 수 있다면, 전륜성왕(轉輪
聖王)도 여래일 것이다."

수보리가 붓다에게 말했다.

"세존이시여, 제가 붓다께서 설하신 뜻을 이해하기로는 당연히 32상으로 여래를 볼 수 없습니다."

그때 세존께서 게송으로 설하셨다.

"형상으로 나를 보려거나

음성으로 나를 찾으면

그릇된 길을 가는 자이니

여래를 볼 수 없느니라.

제5 단락에서 수보리가 "신체의 특징으로 여래를 볼 수 없다" 했고, 제13 단락에서 "32상으로 여래를 볼 수 없다" 했고, 제20 단락에서 "잘 갖추어진 신체로 여래를 볼 수 없다"고 했는데, 여기 와서 느닷없이 수보리가 "32상으로 여래를 볼 수 있다"고 하므로 어리둥절해진다. 이 부분에 해당하는 산스크리트 원전을 옮기면 다음과 같다.

"수보리야, 어떻게 생각하느냐? 특징을 잘 갖추었다고 해서 여래로 보아야 하느냐?"

수보리가 말했다. "그렇지 않습니다, 세존이시여. 제가 세존께서 설하신 뜻을 깊이 아는 바로는 특징을 잘 갖추었다고 해서 여래로 보아서는 안 됩니다."

세존께서 말씀하셨다. "좋고 좋도다, 수보리야. 참으로 그러하다. 특징을 잘 갖추었다고 해서 여래로 보아서는 안 된다. 왜냐하면 수보리야, 특징을 잘 갖추었다고 해서 여래로 본다면 전륜성왕도 여래가 될 것이기 때문이다."
진제, 급다, 현장의 번역은 산스크리트 원전과 문맥이 같다.

27

須菩提 汝若作是念 如來不[56]以具足相故 得
수보리 여약작시념 여래불 이구족상고 득

阿耨多羅三藐三菩提 須菩提 莫作是念 如來
아누다라삼막삼보리 수보리 막작시념 여래

不以具足相故 得阿耨多羅三藐三菩提 須菩提
불이구족상고 득아누다라삼막삼보리 수보리

汝若作是念 發阿耨多羅三藐三菩提者 說諸法
여약작시념 발아누다라삼막삼보리자 설제법

斷滅相[57] 莫作是念 何以故 發阿耨多羅三藐
단멸상   막작시념 하이고 발아누다라삼막

三菩提心者 於法不說斷滅相
삼보리심자 어법불설단멸상

81

수보리야, 네가 만약 '여래는 잘 갖추고 있는 특징 때문에 아누다라삼막삼보리를 얻었다'고 생각한다면, 수보리야, 그런 생각 하지 마라. 여래는 잘 갖추고 있는 특징 때문에 아누다라삼막삼보리를 얻은 게 아니다.

수보리야, 네가 '아누다라삼막삼보리를 구하려는 자는 모든 현상의 소멸을 설한다'고 생각한다면, 그런 생각 하지 마라. 왜냐하면 아누다라삼막삼보리를 구하려는 마음을 낸 자는 현상의 소멸을 설하지 않기 때문이다.[58]

28

須菩提 若菩薩以滿恒河沙等世界七寶布施 若
수보리 약보살이만항하사등세계칠보보시 약

復有人 知一切法無我 得成於忍 此菩薩 勝前
부유인 지일체법무아 득성어인 차보살 승전

菩薩 所得功德 須菩提 以諸菩薩 不受福德故
보살 소득공덕 수보리 이제보살 불수복덕고

須菩提白佛言 世尊 云何菩薩 不受福德 須菩
수보리백불언 세존 운하보살 불수복덕 수보

提 菩薩所作福德 不應貪著 是故說不受福德
리 보살소작복덕 불응탐착 시고설불수복덕

수보리야, 어떤 보살이 갠지스강의 모래알만큼 많은 세
계에 칠보를 가득 채워 보시하더라도, 다른 어떤 사람이 모
든 현상은 무아(無我)라는 것을 알아 확실하게 인정한다면,
이 보살은 앞의 보살보다 더 나은 공덕을 얻을 것이다.

수보리야, 이 보살은 복덕을 받지 않기 때문이다."

수보리가 붓다에게 여쭈었다.

"세존이시여, 어찌하여 보살은 복덕을 받지 않는다고 합
니까?"

"수보리야, 보살은 지은 복덕에 탐착하지 않기 때문에 복
덕을 받지 않는다고 하였다.

29

須菩提 若有人言 如來若來若去若坐若臥 是
수보리 약유인언 여래약래약거약좌약와 시

人不解我所說義 何以故 如來者 無所從來 亦
인불해아소설의 하이고 여래자 무소종래 역

無所去 故名如來
무소거 고명여래

　수보리야, 어떤 사람이 '여래는 오기도 하고 가기도 하고
앉기도 하고 눕기도 한다'면, 이 사람은 내 말뜻을 이해하
지 못한 것이다.
　왜 그런가? 여래란 온 일도 없고 간 일도 없기 때문이다.
그래서 여래라고 한다.

30

須菩提 若善男子善女人 以三千大千世界 碎
수보리 약선남자선여인 이삼천대천세계 쇄

爲微塵 於意云何 是微塵衆 寧爲多不 甚多 世
위미진 어의운하 시미진중 영위다부 심다 세

尊 何以故 若是微塵衆實有者 佛則不說是微
존 하이고 약시미진중실유자 불즉불설시미

塵衆 所以者何 佛說微塵衆 則非微塵衆 是名
진중 소이자하 불설미진중 즉비미진중 시명

微塵衆 世尊 如來所說三千大千世界 則非世
미진중 세존 여래소설삼천대천세계 즉비세

界 是名世界 何以故 若世界實有者 則是一合
계 시명세계 하이고 약세계실유자 즉시일합

相[59] 如來說一合相 則非一合相 是名一合相
상　여래설일합상 즉비일합상 시명일합상

須菩提 一合相者 則是不可說 但凡夫之人 貪
수보리 일합상자 즉시불가설 단범부지인 탐

著其事
착기사

수보리야, 선남자 선여인이 삼천대천세계를 부수어 티끌로
만든다면, 어떻게 생각하느냐? 이 티끌들이 많다고 하겠느냐?"
"매우 많습니다, 세존이시여. 왜냐하면 이 티끌들이 실제
로 있다면, 붓다께서 티끌들이라 하시지 않았을 것이기 때
문입니다. 왜냐하면 붓다께서 말씀하신 티끌들은 티끌들이
아니기 때문입니다. 그래서 티끌들이라 합니다.
세존이시여, 여래께서 말씀하신 삼천대천세계도 세계가
아니기 때문에 세계라고 합니다. 왜냐하면 세계가 실제로 있

다면 일합상(一合相)일 텐데, 여래께서 말씀하신 일합상이란 일합상이 아니라고 설하셨기 때문입니다. 그래서 일합상이라 합니다."

"수보리야, 일합상이란 말할 수 없는 것인데, 다만 범부들이 그것에 탐착할 뿐이다.

31

須菩提 若人言 佛說我見人見衆生見壽者見
수보리 약인언 불설아견인견중생견수자견

須菩提 於意云何 是人解我所說義不 世尊 是
수보리 어의운하 시인해아소설의부 세존 시

人不解如來所說義 何以故 世尊說我見人見衆
인불해여래소설의 하이고 세존설아견인견중

生見壽者見 即非我見人見衆生見壽者見 是名
생견수자견 즉비아견인견중생견수자견 시명

我見人見衆生見壽者見 須菩提 發阿耨多羅三
아견인견중생견수자견 수보리 발아누다라삼

藐三菩提心者 於一切法 應如是知 如是見 如
막삼보리심자 어일체법 응여시지 여시견 여

是信解 不生法相[60] 須菩提 所言法相者 如來
시신해 불생법상 수보리 소언법상자 여래

說卽非法相 是名法相
설즉비법상 시명법상

 수보리야, 어떤 사람이 '붓다가 자아라는 견해, 인간이라
는 견해, 중생이라는 견해, 목숨이라는 견해를 말했다'고 한
다면 수보리야, 어떻게 생각하느냐? 이 사람은 내 말뜻을
이해했느냐?"
 "세존이시여, 그 사람은 여래께서 말씀하신 뜻을 이해하
지 못했습니다. 왜냐하면 세존께서 말씀하신 자아라는 견해,
인간이라는 견해, 중생이라는 견해, 목숨이라는 견해는 자아
라는 견해, 인간이라는 견해, 중생이라는 견해, 목숨이라는
견해가 아니기 때문입니다. 그래서 자아라는 견해, 인간이라
는 견해, 중생이라는 견해, 목숨이라는 견해라고 합니다."
 "수보리야, 아누다라삼막삼보리를 구하려는 마음을 낸
자는 모든 법을 이렇게 알고, 이렇게 보고, 이렇게 믿고 이
해하여, 법이라는 생각을 내지 말아야 한다.
 수보리야, 법이라는 생각은 법이라는 생각이 아니라고

여래가 설했다. 그래서 법이라는 생각이라 한다.

32

須菩提 若有人 以滿無量阿僧祇世界七寶 持
수보리 약유인 이만무량아승기세계칠보 지

用布施 若有善男子善女人 發菩薩心者 持於
용보시 약유선남자선여인 발보살심자 지어

此經 乃至四句偈等 受持讀誦 爲人演說 其福
차경 내지사구게등 수지독송 위인연설 기복

勝彼 云何爲人演說 不取於相 如如不動 何以
승피 운하위인연설 불취어상 여여부동 하이

故 一切有爲法 如夢幻泡影 如露亦如電 應作
고 일체유위법 여몽환포영 여로역여전 응작

如是觀
여시관

佛說是經已 長老須菩提 及諸比丘比丘尼 優
불설시경이 장로수보리 급제비구비구니 우

婆塞優婆夷 一切世間天人阿修羅 聞佛所說
바새우바이 일체세간천인아수라 문불소설

皆大歡喜 信受奉行
개대환희 신수봉행

수보리야, 어떤 사람이 한량없는 아승기 세계에 칠보를
가득 채워 보시하더라도, 어떤 선남자 선여인이 보살의 마
음을 내어 이 경에서 사구게만이라도 마음에 새겨서 독송
하고 남에게 말해 준다면, 그 복이 저 복보다 낫다.

어떻게 남에게 말해 주느냐? 생각을 갖지 말고[61] 한결같
아 흔들리지 않아야 한다. 왜냐하면, 모든 유위법(有爲法)[62]은
꿈 같고, 허깨비 같고, 물거품 같고, 그림자 같고, 이슬 같고,
번개 같기 때문이니, 이렇게 관찰해야 한다."

붓다께서 이 경을 다 설하시자 장로 수보리와 여러 비구·
비구니·우바새·우바이, 모든 세상의 신·인간·아수라가 붓
다의 말씀을 듣고 모두 매우 기뻐하면서 믿고 마음에 새겨
서 받들어 행하였다.

眞言
진언

那謨婆伽跋帝 鉢喇剌壤 波羅弭多曳
나모바가발제 발 라 양 바라미다예

唵 伊利底 伊室利 輸盧馱 毗舍耶 毗舍耶 莎婆訶
옴 이리지 이실리 수로다 비사야 비사야 사바하

1 온(蘊, ⑤skandha)은 '무더기'라는 뜻이다. 오온은 탐욕으로 분별하고 집착
하는 색·수·상·행·식 다섯 가지 의식의 무더기이다.
　① 색온(色蘊): 안·이·비·설·신이 그 대상, 곧 색·성·향·미·촉을 '분별
　　하는 작용'의 무더기.
　② 수온(受蘊): 분별한 갖가지 '느낌'의 무더기.
　③ 상온(想蘊): 과거와 미래로 떠도는 '생각'의 무더기.
　④ 행온(行蘊): 탐욕으로 무엇을 어떻게 하려는 '의지'의 무더기.
　⑤ 식온(識蘊): 분별하여 아는 '인식'의 무더기.

2 ⑤bodhi-sattva의 음사. 줄여서 '보살(菩薩)'이라 한다. bodhi는 '깨달음',
sattva는 '중생'을 뜻한다. 깨달을 중생, 깨달음을 구하는 중생, 구도자(求
道者), 자신도 깨달음을 구하고 남도 깨달음으로 인도하는 자.

3 ⑤nirvāṇa의 음사. '멸(滅)'·'멸도(滅度)'라고 번역한다. '불어서 끈 상태'라
는 뜻이다. 입으로 불어 꺼진 불처럼, 탐욕과 분노와 어리석음의 불길
이 남김없이 소멸된 마음 상태이다. 탐욕이라 하면 흔히 재물의 소유욕
을 떠올리겠지만, 탐욕의 본질은 삶의 진행이 자신의 뜻대로 되기를 바
라고, 온갖 일이 자신의 마음에 들기를 바라는 황당한 욕망이다. 허나
생로병사가 자신의 의지대로 흐르지 않듯이, 삶은 한량없는 '관계'로
엮어진 인연 따라 흐르지 결코 자신의 탐욕대로 흐르지 않는다. 탐욕대
로 되지 않으니까 분노도 잦을 수밖에 없어, 탐욕은 곧 자신을 괴롭히
는 어리석음이다.

4 과거, 현재, 미래.

5 ⑤anuttarā-samyak-sambodhi의 음사이고, '무상정등각(無上正等覺)'이라
번역한다. anuttarā는 '가장 뛰어나고', samyak은 '바르고', sambodhi는
'원만한 깨달음'을 뜻한다. 가장 뛰어나고 바르고 원만한 깨달음, 곧 최
상의 바른 깨달음이다.

6 ⑤mantra. 부처나 보살 등의 서원(誓願)이나 덕(德), 또는 가르침이나 지

혜를 나타내는 신비로운 주문으로, 산스크리트를 번역하지 않고 음사하여 읽는다. 보통 비교적 짧은 주문을 진언, 긴 주문을 다라니(陀羅尼)라고도 하지만 엄밀하게 구별하지는 않는다.

7 온갖 분별이 끊어진 무분별의 지혜를 성취한 깨달음의 세계.

8 보고, 듣고, 맡고, 맛보고, 감촉하고, 의식하면서 분별하는 6가지 작용.

9 위의 육처로 분별한 6가지 바깥 대상, 곧 형상·소리·냄새·맛·감촉·의식 내용.

10 계는 '집단'·'무리'를 뜻한다. 위의 육처와 육외처의 십이처(十二處)에서, 안식(眼識)·이식(耳識)·비식(鼻識)·설식(舌識)·신식(身識)·의식(意識)의 육식(六識)이 일어나 18가지 집단으로 분열된 마음 상태이다.

11 괴로움이 일어나고 소멸하는 12가지 의식 작용.

① 무명(無明): 탐욕을 바탕으로 해서 분별하고 집착하는 어리석음.

② 행(行): 탐욕과 집착으로 무엇을 어떻게 하려는 의지·의도·의욕.

③ 식(識): '좋다/싫다', '멋지다/흉하다', '잘하다/잘못하다', '많다/적다' 등의 이분으로 분별하는 '주관'의 작용.

④ 명색(名色): 이름과 형상으로 대상, 즉 '객관'을 인식하는 작용.

⑤ 육처: 여섯 가지 분별하는 작용.

⑥ 촉(觸): 육처와 육외처와 육식의 화합으로 일어나는 온갖 의식 작용.

⑦ 수(受): 분별한 갖가지 느낌.

⑧ 애(愛): 갈구와 애욕.

⑨ 취(取): 애욕에 의한 집착.

⑩ 유(有): 존재한다는 의식.

⑪ 생(生): 태어난다는 의식.

⑫ 노사(老死): 늙고 죽는다는 의식.

12 사위국 파사닉왕(波斯匿王)의 신하이고 부호인 수달(須達)이 그 왕의 아들 기타(祇陀)에게 황금을 주고 매입한 동산으로, 기타와 수달은 이곳에 기원정사(祇園精舍)를 지어 붓다에게 바쳤다. 기(祇)는 기타(祇陀)의 준말이고, 급고독(給孤獨)은 수달의 별명이다.

13 가난한 집 부잣집, 천한 집 귀한 집을 가리지 않고 한 집 한 집 차례대로 걸식한다는 뜻이다.

14 오른쪽 어깨를 드러내는 '편단우견'은 상대방에게 공경을 나타내는 예법이다.

15 ⓢsaṃjñā(생각)의 번역이다. 현장은 생각 상(想)으로 번역했다.

16 마하살은 ⓢmahā-sattva의 음사로, '위대한 존재'·'중생'·'사람'이라는 뜻이다. 보살을 높여 일컫는 말이다.

17 멸도(滅度, ⓢparinirvāṇa)의 번역이다. '반열반(般涅槃)'이라 음사하기도 한다.

18 ⓢvastu(대상·사물)의 번역이다. 현장은 일 사(事)로 번역했다.

19 ⓢnimitta(겉모습)-saṃjñā(생각)의 번역이다.

20 보시하되, 보시한다는 생각을 하지 말라는 뜻이다. 왜냐하면 보시한다는 생각이 교만을 일으키고, 보시한 흔적을 남기려 하고, 보답을 받으려고 하기 때문이다.

21 ⓢlakṣaṇa(특징)의 번역이다. 여래가 갖추고 있다는 32가지 뛰어난 신체의 특징을 말한다.

22 이 문장을 "모든 특징과 특징 아닌 것을 본다면 여래를 볼 것이다"라고 옮길 수도 있다. 그러나 뒤에 나오듯이 『금강경』의 가르침은 "신체의 특징으로 여래를 볼 수 없다", "32상(相)으로 여래를 볼 수 없다", "잘 갖추고 있는 신체로 여래를 볼 수 없다", "잘 갖추고 있는 갖가지 특징으로 여래를 볼 수 없다"이다. 따라서 "모든 특징과 특징 아닌 것을 본다면 여래를 볼 것이다"는 "특징으로 여래를 볼 수 없다"에 부합되지 않는다.

23 좋은 과보를 받을 근원이 되는 착한 행위.

24 ⓢsaṃjñā(생각)의 번역이다.

25 고대 인도의 세계관에서, 수미산(須彌山)을 중심으로 한 거대한 세계를 말한다.

26 일곱 가지 보화. ① 금, ② 은, ③ 유리(琉璃, 검푸른 빛이 나는 보석), ④ 파리(頗梨, 수정), ⑤ 차거(車渠, 흰 산호), ⑥ 적진주(赤眞珠), ⑦ 마노(碼碯, 짙은 녹색 빛이 나는 보석). 그러나 경론(經論)에 따라 그 종류가 일정하지 않다.

27 게(偈)는 ⓢgāthā의 음사이고, 번역하여 '송(頌)'이라 한다. 1구(句)가 8음절로 되어 있는, 산스크리트 운문의 기본 운율이다. 따라서 사구게는 사행시(四行詩)이다.

또 ⓢgāthā는 경문(經文)의 길이를 나타내기도 하는데, 『금강경』을 『삼백송반야경(三百頌般若經)』, 『소품반야경(小品般若經)』을 『팔천송반야경(八千頌般若經)』, 『대품반야경(大品般若經)』을 『이만오천송반야경(二萬五千頌般若經)』이라고 하는 게 그 예이다.

그러나 『금강경』에서 사구게는 사행시를 가리키기보다는 경문의 길이로 보아, 중요한 '네 구절'의 가르침으로 이해해야 한다. 『금강경』에서 받아 지녀야 할 가르침이 어찌 사행시만이겠는가.

28 『고려대장경』에는 '不'자가 없으나 다른 판본을 참조하여 그것을 넣었다. 왜냐하면 앞뒤 문장에서 '입류(入流)'·'일왕래(一往來)'·'아라한(阿羅漢)'을 부정하므로 여기서도 '불래(不來)'를 부정해야 하기 때문이다.

29 ⓢsrota-āpanna의 음사이다. 사성제를 알지 못하여 일어나는 지적 번뇌, 곧 견혹(見惑)을 '완전히' 끊은 성자이다. 처음으로 성자의 계열에 들었으므로 '입류(入流)'·'예류(預流)'라고 번역한다.

30 ⓢsakṛd-āgāmin의 음사이고, 욕계의 수혹(修惑), 곧 탐욕·분노·집착·교만·감정 등에서 비롯되는 심리적 번뇌를 '대부분' 끊은 성자이다. 그러나 이 성자는 그 수혹을 완전히 끊지 못했기 때문에 천상의 경지에 이르렀다가 다시 한 번 인간계에 돌아와 완전한 열반을 성취한다고 하여 '일왕래(一往來)'·'일래(一來)'라고 번역한다.

31 ⓢanāgāmin의 음사이고, 욕계의 수혹을 '완전히' 끊은 성자이다. 이 성자는 색계와 무색계로 나아가고 다시 욕계로 되돌아오지 않는다고 하여 '불래(不來)'·'불환(不還)'이라 번역한다.

32 아란나(阿蘭那)는 ⓢaraṇā의 음사이고, '번뇌가 없다'는 뜻이다.

33 ⓢarhat의 음사이고, 모든 번뇌를 완전히 끊어 열반에 이른 성자이다.

34 아득한 과거에 출현하여 석가모니에게 미래에 성불하리라고 예언했다는 부처이다.

35 수미(須彌)는 ⓢsumeru의 음사이고, '묘고(妙高)'라고 번역한다. 수미산은 세계의 중심에 솟아 있다는 거대한 상상의 산이다. 수미산왕은 '산의 왕인 수미산'이라는 뜻이다.

36 중생 가운데 뛰어난 중생을 말한다.

37 ⓢasura의 음사이고, 늘 싸움만을 일삼는다는 귀신의 무리이다.

38 탑(塔)은 ⓢstūpa의 음사인 탑파(塔婆)의 준말이고, 묘(廟)는 그것의 번역이다.

39 여래가 갖추고 있다는 32가지 뛰어난 신체의 특징을 말한다. 고대 인도의 신화에 나오는 전륜성왕(轉輪聖王)이 갖추고 있다는 신체의 특징에서 유래한다.

40 ⓢsaṃjnā(생각)의 번역이다.

41 '예전에 붓다의 설법을 듣고 지혜의 눈이 생겼는데 그 후'라는 뜻이다.

42 붓다가 전생에 인욕(忍辱)을 수행하고 있을 때, 붓다의 인욕을 시험하기 위해 그의 팔다리를 찢었다는 왕이다.

43 ⓢsaṃjnā(생각)의 번역이다.

44 이 부분에 해당하는 산스크리트 원전을 옮기면 다음과 같다. "어디에도 얽매이지 않고 마음을 내야 한다. 왜냐하면 얽매임은 얽매임 이 아니기 때문이다."

45 Ⓢvastu(대상·사물)의 번역이다.

46 여기 대승은 Ⓢagra(맨 앞의)-yāna(가르침)의 번역이다. 한편 소승(小乘)의 상대어로 쓰이는 대승(大乘)은 Ⓢmahā-yāna이다.

47 비교의 문장에서 어조사 '於'는 '~에 (비해)', '~보다'로 옮겨야 하는데, 그럴 경우 "이 경을 마음에 새기고 독송해서 얻을 공덕은 내가 그 많은 부처에게 공양한 공덕에 백분의 일에도 미치지 못하고…"로 되어 『금강경』의 가르침에 어긋나게 된다. 그래서 의역했다.

48 악한 짓을 저지른 과보로 받는다는 지옥·아귀·축생 등의 괴로운 생존 을 말한다.

49 아승기(阿僧祇)는 Ⓢasaṃkhya의 음사로 '헤아릴 수 없이 많은 수'이고, 겁 (劫)은 Ⓢkalpa의 음사로 '지극히 긴 시간'이다.

50 Ⓢnayuta의 음사로 '지극히 많은 수'를 나타내는 말이다. 『구사론(俱舍論)』 제12권에 의하면 10의 11제곱(10^{11})이다.

51 불법(佛法)이 쇠퇴하여 수행자도 깨달음을 이루는 자도 없는 시기.

52 '제법여의'는 Ⓢbhūta(진실)-tathatā(그러한 상태)의 번역이다. 현장은 '진실 진여(眞實眞如)'라고 번역했다.

53 부처가 제자에게 미래에 성불할 것이라고 하는 예언.

54 모든 존재는 매순간 생멸을 거듭하고, 자신은 그 존재의 일부분이므로 독자적으로 분리된 '자아'라는 개체는 없다는 뜻이다. '무아법의 통달' 은 '자아라는 생각'의 소멸, 곧 개체 의식이 소멸된 상태.

55 Ⓢlakṣaṇa(특징)의 번역이다. 여래가 갖추고 있다는 32가지 뛰어난 신체 의 특징을 말한다.

56 번역은 아닐 불(不)자를 삭제하고 옮겼다. 그렇게 하지 않고 옮기면 "여 래는 잘 갖추고 있는 특징 때문에 아누다라삼막삼보리를 얻은 게 아니 다"로 되어 수보리가 맞는 생각을 했는데도 불구하고 "그런 생각 하지 마라"고 설하는 것으로 되고, 다음 문장은 수보리의 답으로 결론을 내 리고 있어, 앞뒤 문맥이 맞지 않는다. 물론 이 문장의 산스크리트 원전 에도 부정의 단어(na)가 없고, 보리류지·급다·현장의 번역에도 '不'자 가 없다. 다만, 진제의 번역에 '不'자가 있으나 이는 부정의 뜻이 아니라 의문을 나타내는 어조사이다.

57 산스크리트 원전에는 이 '상(相)'에 해당하는 단어가 없다. 그다음 줄 마지막의 '相'도 마찬가지다.

58 '자아'의 소멸을 설하지, 모든 현상의 완전한 소멸을 설하지 않는다는 뜻이다.

59 Ⓢpiṇḍa(덩어리)-grāha(움켜쥠)의 번역이다. 현장은 '(合執)'이라 번역했다. 일합상은 '한 덩어리로 합쳐진 것'이라는 뜻이다.

60 Ⓢsaṃjnā(생각)의 번역이다.

61 말해주되, 말해준다는 생각을 갖지 말라는 뜻이다. 왜냐하면 말해준다는 생각이 아만을 일으키기 때문이다.

62 매 순간 생멸을 거듭하면서 변해 가는 모든 존재.

큰 글자로 읽는 세상의 모든 지식
〈살림지식총서〉

001 신용하 교수의 독도 이야기 | 신용하
002 중국의 고구려사 왜곡 | 최광식
003 좋은 문장 나쁜 문장 | 송준호
004 색채의 상징 색채의 심리 | 박영수
005 노블레스 오블리주 | 예종석
006 커피 이야기 | 김성윤
007 한옥 | 박명덕
008 스티브 잡스 | 김상훈
009 미국의 정체성 | 김형인
010 한국교회의 역사 | 서정민
011 유대인 | 정성호
012 여행 이야기 | 이진홍
013 위대한 도서관 건축 순례 | 최정태
014 기후변화 이야기 | 이유진
015 문화대혁명 | 백승욱
016 한국인의 관계심리학 | 권수영
017 와인 어떻게 즐길까 | 김준철
018 양주 이야기 | 김준철
019 미래를 예측하는 힘 | 최연구
020 우리 헌법 이야기 | 오호택
021 음식 이야기 | 윤진아
022 일본요리의 역사 | 박병학
023 역사로 본 중국음식 | 신계숙
024 아름다운 도서관 오디세이 | 최정태
025 실용주의 | 이유선
026 중국의 정체성 | 강준영
027 중국의 문화코드 | 강진석
028 성공의 길은 내 안에 있다 | 이숙영
029 허브 이야기 | 조태동 · 송진희
030 성, 그 억압과 전보의 역사 | 윤가현
031 (개정판) 반야심경 · 금강경 | 곽철환
032 달마와 그 제자들 | 우봉규
033 막걸리 이야기 | 정은숙
034 면 이야기 | 김한송
035 사람은 왜 인정받고 싶어하나 | 이정은
036 중년의 사회학 | 정성호
037 중국차 이야기 | 조은아
038 요가 | 류경희
039 이슬람 문화 | 이희수
040 화두와 좌선 | 김호귀
041 한국과 일본 | 하우봉
042 사상의학 바로알기 | 장동민
043 조선의 명의들 | 김호
044 꼭 알아야 하는 미래 질병 10가지 | 우정헌
045 치명적인 금융위기, 왜 유독 대한민국인가 | 오형규
046 불안사회 대한민국, 복지가 해답인가 | 신광영
047 왜 그 음식은 먹지 않을까 | 정한진
048 테마로 보는 서양 미술 | 권용준
049 주역과 운명 | 심의용
050 중국을 이해하는 9가지 관점 | 우수근
051 미국의 좌파와 우파 | 이주영
052 법의학의 세계 | 이윤성
053 중국사상의 뿌리 | 장현근
054 중국인의 금기 | 장범성
055 중국적 사유의 원형 | 박정근
056 지식의 성장 | 이한구
057 사건으로 보는 한국의 정치변동 | 양길현
058 한반도 시나리오 | 정욱식
059 책과 세계 | 강유원
060 철학으로 보는 문화 | 신응철
061 학계의 금기를 찾아서 | 강성민
062 미 · 중 · 일 새로운 패권전략 | 우수근
063 박이문의 문학과 철학 이야기 | 박이문
064 일본의 정체성 | 김필동
065 일본의 서양문화 수용사 | 정하미
066 탈식민주의에 대한 성찰 | 박종성
067 불교의 선악론 | 안옥선
068 와인의 문화사 | 고형욱
069 기독교의 교파 | 남병두
070 김수영, 혹은 시적 양심 | 이은정
071 서양의학의 역사 | 이재담
072 몸의 역사 | 강신익
073 프랑스 혁명 | 서정복
074 홍차 이야기 | 정은희
075 중화경제의 리더들 | 박형기
076 역사 속의 채식인 | 이광조
077 명예훼손이란 무엇인가 | 안상운
078 호감의 법칙 | 김경호
079 핵심 중국어 간체자 | 김현정
080 전통 명품의 보고, 규장각 | 신병주
081 보수와 진보의 정신분석 | 김용신
082 논어 | 윤홍식
083 장자 | 이기동
084 맹자 | 장현근
085 관자 | 신창호
086 순자 | 윤무학
087 한비자 | 윤찬원
088 노자 | 임헌규
089 묵자 | 박문현
090 포스트모더니즘에 대한 성찰 | 신승환
091 오리엔탈리즘의 역사 | 정진농
092 세계지도의 역사와 한반도의 발견 | 김상근

093 간도는 누구의 땅인가 | 이성환
094 갈매나무의 시인 백석 | 이숭원
095 비타민 이야기 | 김정환
096 사주 이야기 | 이지형
097 메이지 유신 | 장인성
098 공간 해석의 지혜, 풍수 | 이지형
099 이야기 동양철학사 | 강성률
100 이야기 서양철학사 | 강성률
101 이승만 평전 | 이주영
102 미군정시대 이야기 | 차상철
103 한국전쟁사 | 이희진
104 정전협정 | 조성훈
105 대한민국 대통령들의 한국경제 이야기1 | 이장규
106 대한민국 대통령들의 한국경제 이야기2 | 이장규
107 NLL을 말하다 | 이상철
108 희망이 된 인문학 | 김호연
109 우리말 한자 바로쓰기 | 안광희
110 경허와 그 제자들 | 우봉규
111 MD | 정욱식
112 위대한 어머니 여신 | 장영란
113 인도신화의 계보 | 류경희
114 추리소설의 세계 | 정규웅
115 인체의 신비 | 이성주
116 중세는 정말 암흑기였나 | 이경재
117 르 몽드 | 최연구
118 재즈 | 최규용
119 진정한 프로는 변화가 즐겁다 | 김학선
120 매체 정보란 무엇인가 | 구연상
121 유럽왕실의 탄생 | 김현수
122 절대왕정의 탄생 | 임승휘
123 세기의 사랑 이야기 | 안재필
124 아테네 영원한 신들의 도시 | 장영란
125 그리스 문명 | 최혜영
126 그리스와 로마 | 김덕수
127 중세와 토마스 아퀴나스 | 박경숙
128 안토니 가우디 | 손세관
129 문화콘텐츠란 무엇인가 | 최연구
130 글로벌 리더 | 백형찬
131 명상이 경쟁력이다 | 김필수
132 장군 이순신 | 도현신
133 한국 무기의 역사 | 이내주
134 나는 누구인가 | 김용신
135 뇌의 비밀 | 서유헌
136 역사를 움직인 중국 여성들 | 이양자
137 중국 고전 이야기 | 문승용
138 발효 이야기 | 이미란
139 결혼 이야기 | 남정욱
140 광고로 보는 근대문화사 | 김병희
141 20세기의 위대한 지휘자 | 김문경
142 20세기의 위대한 피아니스트 | 노태현
143 대학의 역사 | 이광주
144 디지털 시대의 글쓰기 | 이강룡
145 마피아의 계보 | 안혁
146 별자리 이야기 | 이형철

147 사르트르와 보부아르의 계약결혼 | 변광배
148 스마트 위험사회가 온다 | 민경식
149 알고 쓰는 화장품 | 구희연
150 어떻게 일본 과학은 노벨상을 탔는가 | 김범성
151 효과적인 설득을 위한 논리적 글쓰기 | 여세주
152 질병의 사회사 | 신규환
153 도시재생 이야기 | 윤주
154 레이첼 카슨과 침묵의 봄 | 김재호
155 마쓰시타 고노스케 | 권혁기
156 미국을 만든 사상들 | 정경희
157 미셸 푸코 | 양운덕
158 서울은 어떻게 계획되었는가 | 염복규
159 알베르 카뮈 | 유기환
160 영화로 보는 미국 | 김성곤
161 조선왕조실록 1 | 이성무
162 조선왕조실록 2 | 이성무
163 조선왕조실록 3 | 이성무
164 조선왕조실록 4 | 이성무
165 조선왕조실록 5 | 이성무
166 조선왕조실록 6 | 편집부
167 헬레니즘 | 윤진
168 M.엘리아데 | 정진홍
169 비잔틴제국 | 진원숙
170 DNA분석과 과학수사 | 박기원

곽철환(utsarga@naver.com)

옮기고 풀이한 곽철환은 동국대학교 인도철학과를 졸업했다. 지은 책에 『시공 불교사전』 『이것이 불교의 핵심이다』 『불교의 모든 것』 『한 권으로 읽는 불교 고전』 『인생과 싸우지 않는 지혜』가 있고, 엮은 책에 『처음 쓰는 대장경』이 있다.

큰글자 살림지식총서 031

반야심경·금강경

펴낸날	초 판 1쇄 2012년 10월 15일
	초 판 3쇄 2018년 3월 16일
	개정판 1쇄 2025년 11월 10일

지은이	곽철환
펴낸이	심만수
펴낸곳	(주)살림출판사
출판등록	1989년 11월 1일 제9-210호

주소	경기도 파주시 광인사길 30
전화	031-955-1350 팩스 031-624-1356
홈페이지	http://www.sallimbooks.com
이메일	book@sallimbooks.com

ISBN	978-89-522-4972-2 04080
	978-89-522-3549-7 04080 (세트)

※ 이 책은 살림지식총서 386 『반야심경·금강경』을 큰 글자로 만든 것입니다.
※ 이 책은 큰 글자가 읽기 편한 독자들을 위해
   글자 크기 14포인트, 4×6배판으로 제작되었습니다.